NUTZGÄRTEN GESTALTEN

DAS GROSSE IDEENBUCH

NUTZGÄRTEN

DAS GROSSE IDEENBUCH
GESTALTEN

RENATE TEGTMEYER Fotos **JÜRGEN BECKER** und **MARIANNE MAJERUS**

INHALTSVERZEICHNIS

8	**VORAB**	126	**DAS IST DER HERBST**
		128	FRÜCHTE, BLÜTEN UND BLÄTTER
10	**VON BLUMEN UND GEMÜSE**	132	TOMATE, KÜRBIS & CO.
		140	KOHL UND KRESSE
16	**BLEIBENDER RAHMEN**	144	ERNTEN UND KONSERVIEREN
16	WAS WILL ICH?	148	KOMPOST
20	HECKEN UND ZÄUNE	152	WAS IST WAS?
28	WEGE UND PFADE		
36	HÖHEN UND TIEFEN	156	**DAS IST DER WINTER**
		158	IMMERGRÜN UND WINTERKAHL
42	**DAS IST DER FRÜHLING**	162	SCHNEIDEN UND ERTRAGEN
44	AUFZUCHT	170	SPATEN UND PFLANZENSCHILDER
52	AKTIONEN IM FRÜHLINGSGARTEN	176	MEISE UND SPATZ
70	EXTRAS UND TIPPS		
		182	**VOM ÜBERLEBEN ZUM GARTENVERGNÜGEN**
86	**DAS IST DER SOMMER**		
88	ZEIT FÜR DÜFTE	186	**PFLANZENPORTRÄTS**
100	GEMÜSE IM SOMMER		
114	STRUKTUREN UND FARBEN	194	**ANHANG**
120	NÜTZLINGE UND SCHÄDLINGE		
124	LICHT UND SCHATTEN		

„JEGLICHEN BEIFALL VERDIENT, WER NÜTZLICHES MISCHT MIT DEM SCHÖNEN."
(Omne tulit punctum, qui miscuit utile dulci.)
Horaz: Ars poetica

VORAB

Anmerkung: Dieses Buch ist vorwiegend in der männlichen Schreibweise verfasst. Der Grund ist nicht nur die bessere Lesbarkeit. Männer sind im Garten in der Minderzahl und wir wollen keiner Benachteiligung Vorschub leisten. Mögen die Frauen diese Entscheidung als Verbeugung vor ihrer Stärke und Kreativität sehen und die Männer ermutigt werden, es doch auch mal im Garten zu probieren.

Die Menschen unterscheiden sich durch viele Dinge. Eines davon ist die Liebe zum eigenen Stück Erde. Es gibt solche, die finden einen Garten überflüssig und lästig. Und es gibt solche, die lieben es, auf einem umgrenzten Raum auszuprobieren, was wächst, blüht und fruchtet, wie es das tut, wie und wo eingegriffen werden kann und wo menschliche Vorstellungen ihre Grenzen finden. An die zweite Gruppe wendet sich dieses Buch.

Wer sich einem schier unendlichen Feld zuwendet, muss eingrenzen, Zäune ziehen, wie um einen Garten.

Unser Zaun ist um das Kernanliegen dieses Buches gezogen: die Lust am Schönen, am Ziergarten, mit dem zu verbinden, was auch eine Lust ist, das Ernten. Schönes und Nützliches müssen keine Gegensätze sein, das wusste schon der geistige Vater des Wörlitzer Gartenreichs, Fürst Leopold III. Friedrich Franz von Anhalt-Dessau.

Alles außerhalb dieses Zaunes ist mehr als einen Blick wert, wird aber nicht „beackert". Zum Beispiel die Themen, die vor allem mit Park und gestalteter Landschaft oder mit Landwirtschaft befasst sind. Egal, ob groß oder klein oder gar der Minigarten auf dem Balkon: Es geht hier um die umgrenzte, überschaubare Fläche des privaten Gartens.

Diese Beschränkung gilt auch für das schier unendliche Wissen um alles, was so auf der Erde wächst. Die Bodenkultivierung hat eine lange Geschichte, und viele kluge Leute haben in vielen Büchern über die Grundlagen des Gartenbaus geschrieben. Innerhalb unseres Zauns findet sich das, was wissenswert und hilfreich ist, was heute machbar ist und wie es mit einfachen Mitteln umgesetzt werden kann, wo es kompliziert werden könnte und was Beachtung verdient.

Dieses Buch hat keinen Anspruch auf Vollständigkeit. Es will vor allem Spaß machen und anregen, es auch mal mit diesem oder jenem zu probieren.

Wer einen Zaun gezogen hat, der sorgt für die Gartenpforte. Hier ist sie: Treten Sie ein und sehen Sie nach, ob etwas für Sie dabei ist!

VON BLUMEN UND GEMÜSE

„Die Schönheit liegt im Auge des Betrachters." (William Shakespeare)

Was ist schöner: die Rose? Der Grünkohl? Die Sonnenblume? Der Kürbis? An dieser Frage können sich Gärtnergeister scheiden. So wie beim Besitzer eines üppigen Staudengartens, dessen Nachbarin sich daran machte, die Wildnis nebenan aufzuräumen und Beete anzulegen. Der freundliche Gruß über den Zaun mündete in ein Gespräch, das die klassische Teilung zwischen schön und nützlich zeigt:

Ich grabe das alles hier um. Hier kommen die Stangenbohnen hin. Und dort probiere ich es mit Paprika. Zwiebeln kommen dort hin. Und bei Ihnen? – Bei uns gibt es kein Gemüse, nur ein bisschen Petersilie und Rhabarber. Sonst haben wir vor allem Blumen. – (Nachdenken) – Das sieht schön aus. – Aber Gemüse ist auch schön, oder? – (Nachdenken) – Ja, Gemüse ist auch schön.

Später nimmt die Gemüseverfechterin gerne Stauden und Ableger an, sie pflanzt sie als blühenden Streifen vor ihre Gemüsebeete. Der Staudengärtner beobachtet genau, wie sich welches Gemüse nebenan entwickelt, und überlegt, wo er einen Platz für sein eigenes Lieblingsgemüse schaffen könnte.

Staudengärtner und Gemüsepflanzerin machen den Versuch, schön und nützlich miteinander zu verbinden. Damit gehören sie zur großen Gruppe der Gärtner, die etwas fürs Auge haben wollen, eine grüne, blühende Ruhezone, in der die Seele baumeln kann. Und die gleichzeitig naschen, ernten, den selbst gezogenen Salat auf den Tisch bringen wollen. Diese Gärtner träumen von einem Garten für alle Sinne. Wer einen solchen Garten anlegen möchte, sollte sich überlegen, was für ihn Priorität hat.

GEMÜSE IM BLUMENGARTEN Leidenschaftliche Gartengestalter und Sammler seltener Pflanzen werden einen Garten anlegen, in dem das Gemüse zu Gast ist. Hausherren sind Rosen und Stauden, Rasen und Sträucher. Sie haben die empfindliche Rose dazu gebracht, einen üppig blühenden Strauch zu bilden. Sie kreuzen Helleborus-Arten und sind stolz, den blauen Scheinmohn zum Blühen gebracht zu haben. Sie gestalten ihre Beete formal oder geschwungen, als Borderbeet oder als Terrassenanlage. Sie grenzen mit niedrigen Buchshecken ab und die grünen Raseninseln dazwischen sind ein Muss. Aber sie erinnern sich auch an die Freude, die ersten Radieschen zu ernten. Und den Salat hätten sie auch lieber aus dem Garten als aus dem Supermarkt. Die vielen Kräuter im Garten waren eigentlich mal Sammlerstücke und Unterpflanzung, jetzt werden sie auch für die Küche genutzt.

Diese Gärtner müssen wissen, was ihre Lieblinge brauchen und wann und wie sie sich mit den Nützlingen vertragen können. Die unterschiedlichen Bedürfnisse von beispielsweise Kohl und Schafgarbe führen zu verkümmerten Kohlpflanzen oder explodierender Schafgarbe, die alles unter sich begräbt.

In diesem Garten wachsen Gemüse und Stauden einträchtig nebeneinander. Die Beete sind mit Lavendel und Würztagetes eingefasst, Allium, Dahlien und Crocosmia setzen Akzente, der Kürbis am Gerüst thront über der Pracht.

Sauber getrennt: Gemüse und Blumen haben in eigenen Arealen ihren Platz, mit Lavendel unterpflanzte Rosen ebenso wie grüne und rote Salatsorten, die Platz für Meerrettich und Zwiebeln lassen.

In diesem Garten ist es sehr wichtig zu wissen, welche Pflanzen giftig sind, besonders wenn Kinder sich hier aufhalten. Die Blüten der Kapuzinerkresse schmecken einfach nur gut, die blau leuchtenden des Eisenhuts können das Leben kosten.

In diesen Gärten fühlen sich Kräuter wohl und können ihre ganze Pracht zeigen. Die lila blühenden Kissen des Thymians kommen hier zur Geltung, der wilde Majoran duftet in der Sonne, die blauen Blüten des Rosmarins verzaubern im Frühjahr den Steingarten. Kräuter gibt es inzwischen in so vielen Sorten und Blatt- und Blütenfarben, dass sie mehr als eine Nebenrolle im Blumengarten übernehmen können. Fast alle sind anspruchslos und zufrieden mit der Rolle des Rahmens, des Hintergrunds, und sie brauchen nicht jedes Jahr einen neuen Standort. Das Gleiche gilt für die vielen Salatsorten, die auf dem Markt sind. Wenn der Salat im Staudenbeet geerntet wird, kann die Lücke mit neuen Pflänzchen besetzt werden. Oder der gute alte Pflücksalat bekommt eine neue Chance: Bei ihm können die äußeren Blätter geerntet werden, der eigentliche Bestand bleibt lange erhalten.

Die Hauptrolle in diesem Garten jedoch werden immer Gestaltung, Stauden, Strukturen, Blüten zu den verschiedenen Jahreszeiten spielen.

BLUMEN IM GEMÜSEGARTEN Der Gemüsegärtner hat andere Prioritäten. Er möchte Gemüse, das gesund ist, bei dem er weiß, was die Familie auf dem Teller hat. Er möchte das ganze Jahr hindurch in seinen Garten gehen und ernten können. Er stöhnt über Überschuss, freut sich aber über eine gefüllte Gefriertruhe so wie früher die Hausfrau über die Regale voller Einmachgläser. Er hat vielleicht angefangen wie sein Großvater: mit begrenzten Beeten rechts und links des Mittelweges, an dem entlang manchmal noch die Wäschepfeiler aus Beton stehen. Alles gerade, übersichtlich, gut zu kontrollieren und zu pflegen.

Wenn dieser Gärtner den Augenschmaus der Blumen entdeckt, ist für ihn selbstverständlich, dass sie auf keinen Fall giftig sein dürfen – egal, wie schön sie sind. Allerdings müssen sich auch die schönsten Blüten den Bedürfnissen des Gemüses unterordnen, deshalb müssen sie sich in geometrische Formen einfügen. Da kann man mal eben durchhacken und ohne große Sprünge ernten. Und eine schnurgerade Reihe von aufgehenden Keimblättern ist nicht nur ansehnlich, sondern auch Verheißung pur.

Von der Schönheit des Gemüses muss dieser Gärtner nicht überzeugt werden. Nur von den vielen Möglichkeiten, sie durch Blütenpracht zu ergänzen. Zum Beispiel durch eine Reihe Schlafmützchen zwischendrin, Dahlien und Ringelblumen, Levkojen und Astern. Dieser Gärtner wird nachdenken über die langen Stangen für die Bohnen und darüber, wie ihr staksiger Charme gemildert werden könnte. Er wird überlegen, wie er Kürbis ernten kann, ohne seinen Garten voller Kürbislaub zu haben. Er wird

Diese Spielwiese ist von besonderer Art: Der terrassierte Garten ist formal angelegt und beherbergt eine harmonische Mischung aus Salat, Gräsern, Laubgehölzen, blühenden Einjährigen und Stauden.

darüber nachdenken, den Salat abwechselnd in roten und grünen Sorten zu pflanzen und schon mal Jungfer im Grünen dazwischen zu säen für die Zeit, in der er abgeerntet wird. Er möchte einen schönen Gemüsegarten haben, in dem Erbsen und Radieschen, Goldlack und Ringelblume zu Hause sind. Und ein bisschen Kohl und Feldsalat für den Winter.

SPIELWIESEN Und dann gibt es die vielen Gärten, die in keines dieser Schemata passen. Ganz kleine Gärten, in die gerade der Liegestuhl passt und der Tomatentopf – und natürlich die Rose, die so schön duftet. Oder der Designergarten in formaler Strenge, der allenfalls Spalierobst an der Wand erträgt. Dann gibt es rebellische Öko-Gärten: Natur ist hier angesagt, Brennnessel und Giersch haben Asyl, und wenn Kohl und Rittersporn nicht überleben, sind sie irgendwie nicht natürlich. Es gibt Gärten, die sind riesig und eigentlich ein Park, und es gibt welche, die bestehen vor allem aus Töpfen, in denen das Erstaunlichste wächst. Es gibt Gärten, die einfach irgendwie da sind und in denen ab zu mal das Gras gemäht wird. Und solche, in denen die spontane Seite der Natur ausgesprochen unerwünscht ist.

Wie vielfältig die Möglichkeiten sind, zeigt die große Zahl von Gartentypen. Von Barock- und Künstlergarten über Wasser- und Wüstengarten bis zum Zen-Garten ist (fast) alles möglich. Die Spielarten, die bei uns vorherrschen, sind der Landhaus- oder Cottagegarten mit seinen vielen Blumen, der Bauerngarten, der nicht auf Gemüse verzichten kann, der moderne Garten mit formalen, reduzierten Strukturen, dekorativen Gemüse und nicht selten einem Gewächshaus und der Topf- oder Balkongarten auf kleinstem Raum.

Zu all diesen Gärten gehören Besitzerinnen und Besitzer, die hier ihre Seele baumeln lassen möchten. Die Schönes sehen, Gutes riechen, Nahrhaftes schmecken wollen. Die dieses Stück Erde als abgeschlossenes Refugium behandeln oder unbedingt nach außen zeigen wollen. Für den einen spielen die Vergangenheit, für die andere die Zukunft eine wichtige Rolle. Der eine erinnert sich an die süßen Möhren seiner Kindheit, bei denen immer ein bisschen Sand zwischen den Zähnen knirschte. Die andere denkt an den Goldlack, der seinen Duft direkt in ihre Kindernase schickte. Der eine heißt Tiere aller Art in seinem Garten willkommen, damit sie einen Raum zum Überleben haben. Die andere will sicher sein, dass die Kinder nicht nur gesundes Essen bekommen, sondern auch die Pflanzen und Regeln der Natur kennen lernen.

Die Spielwiesen sind groß, bunt und vielfältig. So wie die Menschen, die dazu gehören. Und wer Lust hat, mal etwas zu ändern und auszuprobieren, der kann sich auf die Suche machen. Irgendetwas in diesem Buch wird für ihn dabei sein.

BLEIBENDER RAHMEN
ELEMENTE DER GARTENGESTALTUNG

Kaum etwas ist sprunghafter als ein Garten. Und kaum etwas bodenständiger. Jeder, der ein Stück Erde beackert, weiß das. Die Pflanzen, von denen sich der Gärtner so viel versprochen hat, verschwinden im Pflanzennirwana und die, mit denen er nie gerechnet hat, blühen und fruchten, dass es eine Art hat. Nicht wenige Gärten haben ihren Charme gerade durch diese Unberechenbarkeit.

Wer hingegen Wege, Hecken, Gartenhäuser, Pflasterflächen angelegt hat, weiß, dass sich Planungsfehler oder modische Ideen, die sich nicht bewähren, als ziemlich hartnäckig erweisen können.

WAS WILL ICH?
WÜNSCHE AN DEN EIGENEN GARTEN

Egal, ob ein Garten neu angelegt oder umgestaltet werden soll: Zuerst geht es um die Bedingungen und Vorstellungen der Gartenbesitzer. Wird der Garten von einer Familie genutzt? Oder von einem Paar, dass sich auf Abende unter der Kletterrose freut? Oder von einem Single, der den Tomatentopf gleich neben dem Liegestuhl haben möchte? Gehört ein Hund zu den Bewohnern? Gibt es Probleme mit Nachbarn? Werden Terrasse, Spielfläche oder Grillplatz gebraucht? Soll der Garten funktional oder romantisch sein – oder gar beides? Ist er notwendiges Übel, Verheißung pur oder Herausforderung? Soll er Genuss für die Augen oder Gemüse für den täglichen Bedarf liefern? Wie viel Zeit will ich einsetzen für die nötige Pflege?

Dann kommt das in den Blick, was schon da ist: Bäume und Bodenbeschaffenheit, Nachbargärten und Lichtverhältnisse – Dinge, die sich wenig oder gar nicht ändern lassen.

All diese Dinge unter einen Hut zu bekommen, ist gar nicht so einfach. Denn da gibt es ja auch noch die Träume und Wünsche, die inneren Bilder von Salat und Rittersporn, von Rosen und Radieschen.

Es empfiehlt sich, genau dort anzufangen: bei den Träumen und Wünschen. Die alte Methode des Brainstorming oder der spontanen Ideensammlung hat die Gartendesignerin Gabrielle Pape[1] aufgenommen und zur Methode des Storyboard für den Garten entwickelt. Die Methode eignet sich gut, ein Bild von den Vorstellungen der Gartennutzer zu bekommen: Jeder sammelt Bilder oder Pläne aus Zeitschriften und Katalogen von dem, was er besonders schön, und von dem, was er besonders schlecht findet. Schnell wird erkennbar, wo die Schwerpunkte liegen, was gar nicht geht oder was bisher nicht im Blick war und doch wichtig ist.

[1] *Gabrielle Pape: Gartenverführung, s. Literaturnachweis*

Auch diesem Traumgarten liegt ein Plan zugrunde. Der formal angelegte, romantische Garten mit Wegekreuz ist durch Hecken eingegrenzt. Der Blickfang in der Mitte ist mit spanischen Gänseblümchen Erigeron karvinskianus unterpflanzt.

Hier hat der Wunsch nach Garten eine kleine Roseninsel mitten auf der Wiese entstehen lassen, eine Art Hortus conclusus in der Weite. Rustikale Zäune aus Ästen, vertikal verarbeitet, vermitteln Schutz und Geborgenheit in der freien Landschaft. Trotz der formalen Strukturen passt sich der Garten gut in die umgebende Natur ein. Der naturbelassene Weg mit unregelmäßigen Steinen sorgt für trockene Füße im Gärtchen.

FRAGEN vor der Anlage eines neuen oder der Umgestaltung eines alten Gartens:

- Was ist wichtiger für mich: Gemüse? Blumen? Rasen?
- Wie werde ich den Garten nutzen: als Erholungsraum? Als Treffpunkt für Familie und Freunde? Als Raum für meine Gartenleidenschaft?
- Welche Bedingungen finde ich in meinem Garten: Sonne, Halbschatten, Schatten? Sandboden, Lehm oder ein Mittelding, das ich erst noch klären muss?
- Was brauche ich unbedingt im Garten: Blumen- und Gemüsebeete, Spielfläche, Sandkasten, Gartenhaus, Grillplatz, Terrasse …?
- Möchte ich lieber gerade, übersichtliche Strukturen oder eine eher naturnahe Anlage?
- Ist Gärtnern für mich eher Last oder eher Lust?
- Wie viel Gartenarbeitszeit in der Woche kann ich einsetzen? Reicht sie aus für meine Gartenträume?

Wer nach diesen Vorüberlegungen entmutigt ist und am liebsten Betonplatten in den Garten legen möchte, der kann sich Unterstützung bei professionellen Gartenplanern holen. Die guten in ihrem Fach werden Ihre Überlegungen und Wünsche aufnehmen.

Wer dagegen jetzt richtig Feuer gefangen hat und anfängt, konkret zu planen, eine Einkaufsliste zu machen und den Spaten bereitzustellen, der sei zuerst an den bleibenden Rahmen, die Grundelemente in seinem Garten erinnert, die den Wechsel der Jahreszeiten und der Jahre überdauern.

HECKEN UND ZÄUNE
WAS DEN GARTEN DEFINIERT

„Garten, urspr. mit Gerten eingefriedetes Gelände zum Anbau von Nutzpflanzen oder von Zierpflanzen"[2] – so definiert das Lexikon den Garten. Die Einfriedung, Abgrenzung von der umgebenden Wildnis macht den Garten aus. Fehlt dieses Element, haben wir es mit einem Park oder einfach der Landschaft zu tun.

ZÄUNE AUS HOLZ UND ASTWERK Fangen wir also an, unseren Garten einzufrieden. Die Gerten früherer Zeiten finden sich heute in dekorativen Flechtzäunen vor allem aus Weide wieder. Sie werden fertig angeboten oder können selbst geflochten werden. Das Material dazu fällt im Februar oder März an, wenn die Kopfweiden geschnitten werden. Am besten mal im Umweltamt der Stadt oder Gemeinde nachfragen. Diese Flechtzäune haben den Vorteil, dass sie wenig Platz brauchen, dekorativ aussehen und Rankhilfe für kletternde Blüh- und Gemüsepflanzen werden können. Ihre Haltbarkeit allerdings ist begrenzt.

Die nächste Gruppe ist die der Holzzäune. Es gibt sie von elegant weiß gestrichen bis zum rustikalen Staketenzaun. Dazwischen sind der Fantasie keine Grenzen gesetzt: Senkrecht oder waagerecht gesetzte Holzlatten können aufgelockert versetzt oder gleichmäßig als Sichtschutz verwandt werden. Mit preisgünstigen Schälbrettern lassen sich nicht nur Weidezäune nachbauen. Staketenzäune aus Kastanienspaltholz passen gut um Bauerngärten und werden im laufenden Meter angeboten. Auch Sichtschutzwände aus Holz können in vielen Formen fertig gekauft werden.

Wer seinen Zaun selbst macht, sollte bedenken, dass Fichten- und Kiefernholz nicht lange haltbar ist. Besser halten Eiche, Robinie, Lärche und Douglasie, allerdings sind diese Holzarten auch teurer. Für alle Holzzäune gilt: Die Pfosten, an denen die Zäune befestigt werden, müssen in sogenannten Metallschuhen (aus dem Baumarkt) in die Erde gesetzt werden, damit das Ganze nicht schon im zweiten Jahr umkippt.

Für alle Flecht- und Holzzäune gilt: Sie wirken natürlich und sind in einfacher Ausführung preiswert. Allerdings brauchen sie Pflege, wenn sie gestrichen sind, und sie müssen nach einigen Jahren erneuert werden.

ZÄUNE AUS METALL Die einfachste Art der Metallzäune und wohl auch die verbreitetste ist der Maschendrahtzaun. Oft wird er auf dem Grundstück vorgefunden. Wer nicht weiß, wer für den Maschendrahtzaun zuständig ist: Er gehört in der Regel dem, auf dessen Seite die Pfosten stehen.

Maschendrahtzäune sind zwar nicht die personifizierte Schönheit, aber sie sind sichere Abgrenzung vor allem gegen Tiere und Wildverbiss. Maschendrahtzäune passen nicht gut in Anlagen im Stil von Bauern- oder Landhausgärten. Wer sie nicht ohne weiteres entfernen kann, der kann bei wenig Raum Rankpflanzen daran pflanzen oder eine Hecke davor setzen.

[2] *Meyers großes Taschenlexikon Bd. 7, s. Literaturnachweis*

Dieser Blumen- und Gemüsegarten im Frühling ist eingegrenzt von hohen Hecken, Einblicke gestattet das blaue Metalltor.

Dieser Garten ist Spielwiese für akribischen Heckenschneider. Die perfekt beschnittenen Hainbuchen- und Buchshecken bilden die Bühne für Schubkarrenbank, Artischocken- und Rharbarberlaub.

Sehr edel sind schmiedeeiserne Gitter, häufig handgearbeitet, die (oft auf einem niedrigen Mäuerchen) das Grundstück eingrenzen. Das ist die aufwendigste Variante des Metallzauns. Sie passt gut zu großen Landhausgärten oder – in strenger Form – in moderne Gärten. Wer das Glück hat, ein altes schmiedeeisernes Gitter zu ergattern, kann sein Fundstück als Blickfang in seine Umgrenzung integrieren, wenn es für eine vollständige Umzäunung nicht reicht.

Für die verschiedenen Arten von Zäunen gilt: Je bescheidener und schmuckloser sie sind, desto wichtiger sind die Pflanzen, die daran hochranken oder im Beet davor wachsen. Auch die Höhen variieren: Zäune müssen nicht mannshoch sein. Besonders, wenn sie aus Metall sind, machen sie den Garten sonst leicht zur abweisenden Festung. Wer das Gespräch über den Gartenzaun schätzt, der sorgt dafür, dass er seinen Nachbarn sieht, wenn ein Abendschwätzchen ansteht.

HECKEN Wird der Garten mit Hecken eingegrenzt, wachsen sie oft über den Gartenbesitzer hinaus. Da gibt es zum einen die Schnitthecken aus einer Pflanzensorte wie beispielsweise Liguster (*Ligustrum vulgare*), Hainbuche (*Carpinus betulus*) oder Eibe (*Taxus*). Diese Hecken grenzen den Garten wie eine grüne Wand ab, schaffen Intimität und einen schönen, ruhigen Hintergrund. Wird der Kontakt zu den Nachbarn gewünscht, kann ein Fenster hineingeschnitten werden. Auch kleine Nischen für Bänke oder Statuen fügen sich gut in diese lebende Wand ein.

Solche Schnitthecken können wie die Hainbuche im Winter ihr Laub verlieren oder sind immergrün. Sie brauchen den jährlichen Formschnitt. Dabei empfiehlt es sich, die Hecke oben zwischen fünf und zehn Prozent schmaler zu schneiden als am Fuß (Anlauf), damit sie unten genug Licht bekommt und nicht verkahlt.

Schnitthecken eröffnen den Künstlern mit Heckenschere viele Möglichkeiten: Die Oberkante kann wellenförmig oder in Absätzen gestaltet werden, es können Fenster oder kreisförmige Öffnungen hineingeschnitten werden – der Fantasie sind keine Grenzen gesetzt.

Die zweite Gattung von Schnitthecken sind die Buchsbaumhecken. Sie werden vor allem innerhalb des Gartens als formales Gestaltungselement eingesetzt, zur Abgrenzung von Beeten oder Wegen. Besonders bei kleinen Gärten sei darauf hingewiesen, dass die Neuzüchtungen von Heckenbuchs ein Wurzelwerk haben, das den Beetpflanzen kaum eine Chance lässt. Hier sollten Wurzelsperren eingebaut werden.

Wer genug Platz hat, der kann eine frei wachsende Hecke um sein Grundstück pflanzen. Bei richtiger Auswahl blüht und duftet diese Hecke im Frühjahr wunderbar und sie trägt im Herbst und Winter Früchte. Hagebutten und Schlehen, Kornelkirschen und Berberitzenfrüchte sehen

Wie interessant eine Mauer sein kann, zeigt dieser Garten. Die alte Klinkermauer vermittelt nicht nur Schutz, sie bietet auch der prächtigen Clematis montana am Spalier ideale Bedingungen.

nicht nur schön aus, sie lassen sich auch zu ess- und trinkbaren Köstlichkeiten verarbeiten.

Hecken wirken im Gegensatz zu Zäunen natürlich, sie lassen sich durch Schnitt in Höhe und Breite verändern. Bestehen sie aus Laubgehölzen, so verändert sich ihr Gesicht im Lauf der Jahreszeiten und sie sind damit ein schönes Gestaltungselement. Hecken schützen vor Wind – eine Eigenschaft, die besonders für Grundstücke auf Hügeln, in Windschneisen oder an der See wichtig ist.

Die Nachteile von Hecken: Sie müssen geschnitten und gepflegt werden und ihre Wurzeln entziehen gern anderen Pflanzen die Nährstoffe. Hohe Hecken im Osten, Süden und Westen nehmen den Pflanzen das Licht, besonders Gemüse mag das gar nicht gern.

MAUERN Hohe Mauern sind eine Grundstücksbegrenzung, die in der Regel vorgefunden wird: Die Scheune nebenan, der Stall oder auch die Fabrik- oder Lagerhalle. Klinker- und Bruchsteinwände haben einen eigenen Reiz, verputzte Wände sind oft schwierige Gartenbegrenzer.

Mauern wollen bepflanzt werden und je nach Beschaffenheit und Ausrichtung wird ihr grünes Kleid unterschiedlich aussehen. Hohe Mauern, von der Sonne aus Südosten, Süden oder Südwesten beschienen, speichern Wärme und bieten besondere Wachstumsbedingungen für Wein, Spalierobst oder Kiwis. Weiß verputzte Mauern, nach Süden ausgerichtet, reflektieren das Licht, davor halten es nur sonnen- und hitzehungrige Pflanzen und mediterrane Kräuter aus.

Hohe Mauern können aber auch eigens in den Garten gesetzt werden. In England dienen solche Mauern als Windschutz oder als Hintergrund für Staudenrabatten. Sie können auch als Abgrenzung von unterschiedlichen Gartenräumen dienen. Wer eine hohe Mauer in seinen Garten setzen will, sollte zuerst mit den Nachbarn reden, sich nach baurechtlichen Vorschriften erkundigen und dann, wenn alles geklärt ist, für ein frostsicheres Fundament sorgen, bevor er mauert.

STÜTZ- UND TROCKENMAUERN Niedrige Mauern sind oft Stützmauern, mit denen abschüssiges Gelände terrassiert oder Aufschüttungen abgestützt werden. Sie werden aus Natursteinen, Betonsteinen mit Natursteinzusatz oder Klinkern errichtet und mit Schotter hinterfüllt. Auch sie müssen ein frostsicheres Fundament sowie einen zehn- bis zwanzigprozentigen Anlauf haben, sich also schräg zum Abhang oder zur Aufschüttung neigen.

Dann gibt es noch die Trockenmauern für naturnahe Gärten oder Steingärten, ein schönes Gestaltungselement und Lieblingsplatz vieler Kräuter. Diese Mauern sollten einen Anlauf, also eine Verjüngung nach

Unterschiedliche Mauern haben ihren eigenen Reiz. Vor einer alten Natursteinmauer mit Patina wurde oberhalb einer gemauerten Natursteinmauer ein mediterraner Sitzplatz geschaffen, auf dem sich Schafgarbe, Salbei und Thymian wohlfühlen.

oben von 20 bis 25 Prozent haben. Als Hinterfüllung dienen Bruch- und Abfallsteine; zwischen die Steine wird lehmige Humuserde verfüllt, die bepflanzt werden kann.

Für Stütz- und Trockenmauern gilt, dass die Steine waagerecht gelegt werden, bei Natursteinen die großen nach unten, die kleineren nach oben.

GABIONEN Eine relativ neue Art der Abgrenzung sind Gabionen: rechteckige Behälter aus Metallstäben, die mit Steinen befüllt werden. Sie können beliebig lang und hoch als Mauer oder Gestaltungselement eingesetzt werden. Sie sind klar in der Form, variieren in der Wahl der Steine und können für die, die gern puzzeln und ihre Gabionen selbst befüllen, eine Spielwiese zum Ausprobieren von Mustern werden. Zur Bepflanzung sind sie nicht besonders gut geeignet.

Wer Mauern in seinem Garten vorfindet, muss sich mit ihnen auseinandersetzen und eine grüne Lösung finden. Die Mühe lohnt sich: Das Schreckgespenst kann durchaus zum blühenden und fruchtenden Traum werden.

Wer Mauern bauen will, sollte bei der Planung auf das Material und die Art des Wohnhauses achten und überlegen, ob und wie sie in den Stil des eigenen Gartens passt.

WEGE UND PFADE
GESTALTUNGSELEMENTE FÜR TROCKENE FÜSSE

Wer es vorzieht, seinem Garten vom Wohnzimmerfenster oder von der Terrasse aus zuzusehen, für den wird die Frage nach der Begehbarkeit seines Grüns nicht besonders wichtig sein. Wer mit seinem Garten lebt, wer diese Blüte aus der Nähe ansehen und jener seltsamen Blattfärbung auf den Grund gehen will, der weiß um den Stellenwert von Wegen und Pfaden. In großen Gärten sind Wege eine Selbstverständlichkeit, aber auch in kleinen oder winzigen Gärten ist es gut, wenn Pflanzenwachstum oder Bodenbeschaffenheit aus der Nähe angesehen werden können und der Abendspaziergang möglich ist. Und wer Gemüse in eigenen Beeten oder zwischen den Blumen gepflanzt hat, will ungehindert zu seinen Schätzen gelangen.

WEGEFÜHRUNG Wege im Garten sind vor allem Hilfsmittel. Sie ermöglichen, mit trockenen und möglichst sauberen Füßen zum gewünschten Ziel im Garten zu gelangen. Wer nach eiligen Abstechern in das Salatbeet wiederholt seine Spuren in der Wohnung entfernen musste, wird über einen Weg nachdenken.

Wege sind die kürzeste und schnellste Verbindung zwischen zwei Punkten. Sie sollten zu einem Ziel führen. Das kann die Haustür oder die Terrasse sein, ein Sitzplatz oder eine Skulptur, der Kompost oder das Gemüsebeet.

Wer einen formalen Garten besitzt, der von geraden Linien bestimmt ist, hat es leicht. Hier sind auch die Wege gerade und die Wegeführung ergibt sich in der Regel aus der Anlage. Außerdem sind gerade Wege angebracht, wenn ein Ziel ohne Umwege erreicht werden soll, zum Beispiel der Kompost bei ungemütlichem Wetter oder die Sitzecke, die mit einem Geschirrtablett angesteuert wird. Wer übrigens einen Mittelweg in seiner formalen Anlage hat, kann ihn am Ende der Blickachse um einiges schmaler werden lassen: Das macht den Garten optisch größer und länger.

In eher naturnah angelegten Gärten empfehlen sich geschwungene Wege. Sie wirken natürlich, laden zum Schauen und Bummeln ein. Interessant ist, wenn am Anfang des Weges das Ende nicht erkennbar ist. Solche Wege führen an den Konturen eines Beetes entlang, um einen Baum oder eine Strauchgruppe herum, ordnen sich der Hausecke, dem Sitzplatz oder dem Teichverlauf unter. Bei der Anlage geschwungener Wege ist es wichtig, der Lust an Schnörkeln und Ornamenten nicht zu sehr nachzugeben. Auch diese Wege sollten nicht im Vordergrund stehen und sich an die Gartengestaltung anpassen, sonst wirken sie künstlich und gewollt.

WEGBREITE Für die Breite eines Weges gibt es Faustregeln, die sich bewährt haben. Die kleinen Pfade, auf denen eine Person gehen kann, sollten eine Breite von 40 bis 60 Zentimetern haben. Wer ahnt, dass er einen Weg öfter mit der Schubkarre befahren muss, sollte ihn mindestens 80 Zentimeter breit anlegen, sonst wird die Randbepflanzung regelmäßig

Dieses Bild zeigt hohe Handwerkskunst der Wegpflasterung: Die Kiesel werden gespalten und mit der geraden Fläche nach unten in schönen Mustern exakt verlegt.

Die Wege in diesem Gemüse- und Kräutergarten wurden mit Holzbohlen eingefasst und mit Kies aufgeschüttet. Diese Wege sind nicht nur sehenswert, viele lieben auch das Geräusch der Schritte auf diesen Flächen. Wer lange Freude an Kieswegen haben möchte, sollte sie sorgfältig anlegen, gut begrenzen und für Unterbau und Wildkräuterschutz sorgen.

malträtiert. Wege, auf denen zwei Personen nebeneinander gehen können, haben eine Breite von 120 bis 150 Zentimetern. Dann gibt es da noch die Trittsteine. Sie helfen, trockenen Fußes den Rasen zu durchqueren und ungeliebte Trampelpfade zu vermeiden. Oder den Zugang in ein großes Beet zu ermöglichen, ohne die Pflanzen zu schädigen. Trittsteine sollten in einem Abstand von 63 bis 68 Zentimetern gelegt werden, das ist die Schrittlänge eines gesunden, erwachsenen Menschen.

MATERIAL Bei der Materialverwendung für Wege sind der Fantasie kaum Grenzen gesetzt. Es gibt Pflasterkünstler, in deren Gärten weniger die Pflanzen als vielmehr die Pflasterungen ins Auge fallen. Wer es weniger spektakulär mag, sollte darauf achten, dass das Material der Wege zum Stil des Hauses und der Anlage passt. Es gibt so viele Möglichkeiten und Materialien, dass sich bestimmt das Richtige finden lässt.

UNGEPFLASTERTE WEGE Zu den ungepflasterten Wegen gehören zuerst die **Rasenwege.** Sie sind einfach anzulegen, kosten nicht viel und sehen wunderbar aus, wenn sie gut gepflegt sind. Es gibt ein paar Nachteile: Solche Wege müssen mindestens einmal pro Woche gemäht werden. Wenn es nass ist, kann man nicht besonders gut darauf gehen, und wenn reger Publikumsverkehr auf ihnen herrscht, leidet der Rasen.

Kieswege passen besonders gut in Gärten, die im Cottage-Stil angelegt sind. Sie sind einfach anzulegen und preisgünstig, viele finden das Knirschen unter den Füßen besonders schön. Allerdings brauchen Kieswege einen kleinen Unterbau von 10 bis 15 Zentimetern. Dieser Unterbau besteht aus Schotter, der verdichtet wird. Am besten mit einem Rüttler, den man sich im Baumarkt ausleihen kann. Darauf kommt eine Schicht feiner Splitt oder Sand. Diese Schicht wird glatt geharkt, darauf kommt eine Kiesdecke von höchstens zwei Zentimetern. Nachteil dieses Weges ist, dass der Kies sich gern in die angrenzenden Beete davonmacht, der Weg muss öfter nachgefüllt werden. Außerdem ist der Kiesweg nicht pflegeleicht: Wer keine Gräser und Kräuter auf ihm möchte, muss regelmäßig jäten.

Für schmale Wege oder solche, die nur zeitweise begangen werden, eignet sich **Rindenmulch** als Belag gut, zum Beispiel im Gemüsegarten. Dort brauchen sie weder Begrenzung noch Unterbau. Der Rindenmulch wird – am besten auf einem Unkrautvlies oder auf Papierschichten – in einer Höhe von etwa fünf Zentimetern aufgebracht. Auch diese Wege sind einfach anzulegen, sie sind preisgünstig und passen gut in einen naturnahen Garten. Das Gehen auf ihnen ist sehr angenehm und federnd. Werden diese Wege viel begangen, brauchen auch sie einen Unterbau und Begrenzung. Der Rindenmulch muss etwa einmal im Jahr erneuert oder nachgefüllt werden, denn er zersetzt sich.

So geht es auch: Hier wurden alte Betonsteine mit Patina verlegt, in unregelmäßigen Mustern angeordnet. Dieser unaufdringliche Weg lässt der Randbepflanzung aus Lavendel und Dahlien einen ungestörten Auftritt.

Alle ungepflasterten Wege sollten zum Beet oder zur Rasenfläche begrenzt werden. Dafür eignen sich Steine oder Metallbänder, die in Mörtel gelegt werden (fertige Mischungen für diesen Zweck gibt es im Handel). Für diese Wege gilt auch, dass sie schnell zur Herausforderung werden für die, die sich vorzugsweise in den neuesten Modellen der Schuhmode bewegen.

GEPFLASTERTE WEGE Alle gepflasterten Wege brauchen einen Unterbau von 20 bis 30 Zentimetern. Sie sollten gut geplant werden, da sie dauerhaft und schwer zu verändern sind, wenn sie einmal angelegt sind.

Der **Betonplattenweg** ist immer noch eine preisgünstige Wegvariante. Allerdings ist die Optik nicht sehr ansprechend; die grauen, quadratischen Platten wirken eher langweilig. Gegen die Langeweile lässt sich etwas machen: Wer einen solchen Weg in einem alten Garten vorfindet, kann die Platten einfach umdrehen. Die Struktur der Plattenunterseite ist interessant, die Platten haben so eine Patina und der langweilige Weg erscheint in ganz neuem Licht. Eine andere Möglichkeit ist es, hier und da eine Platte herauszunehmen und diese Fläche durch Kies, Ziegel oder Granitsteine zu ersetzen.

Der **Ziegelweg** aus (unbedingt frostfesten) Ziegeln ist ebenfalls relativ preisgünstig. Ziegel sind in vielen Farben erhältlich, lassen sich gut in Mustern verlegen und mit anderen Steinen kombinieren.

Wer einen **Natursteinweg** anlegen möchte, hat eine große Auswahl an Material, Farben und Formen zur Verfügung. Diese Wege wirken edel und natürlich. Allerdings ist das Pflastermaterial teuer.

Wer seine Wege mit **Granitpflaster, Kopfsteinpflaster** oder **Kleinpflaster** belegt, hat einen großen Spielraum für fantasievolles Verlegen. Das Pflaster lässt sich in interessanten Mustern verlegen und wirkt lebendig. Nachteile: Es ist unbeliebt bei Highheel-Trägerinnen.

Ein **Holzpflasterweg** besticht durch seine Natürlichkeit. Allerdings muss das Material unbedingt imprägniert sein. Nachteile dieses Weges sind, dass er bei Nässe leicht rutschig wird, außerdem ist er nicht sehr langlebig.

Der **wassergebundene Weg** ist der schlichteste und unauffälligste unter den Wegen. Dieser helle, mit feinem Splitt belegte Weg ist in größeren Garten- und Parkanlagen zu finden, oft auch als Fahrweg für kleinere Fahrzeuge. Auf ihm lässt es sich auch bei Regen gut gehen. Der wassergebundene Weg als Fußweg wird 25 bis 30 Zentimeter tief ausgehoben. Der Boden wird geglättet und verdichtet, dann wird eine Tragschicht von etwa 20 Zentimetern eingefüllt. Sie besteht aus grobem Schotter, der Schotterstücke bis zu 32 Millimeter Größe (Körnung 0/32) enthält. Darauf kommt eine Ausgleichsschicht von 6 Zentimetern mit feinerem Schotter (0/16), dann wird die Fläche mit einem Rüttler verdichtet. Zuletzt wird eine Deckschicht mit der Körnung 0/8 aufgetragen. Abschließend wird die Fläche mit

Auf diesen Wegen finden sich die unterschiedlichsten Materialien. Die Zuwege sind mit quadratischem Granitpflaster belegt, der Kreis in der Mitte mit polygonalen Natursteinplatten, darüber begrenzt ein Mäuerchen ein Kiesrondell mit Blickfang. Die Anlage ist zusätzlich von sauber abgestochenen Rasenstreifen begleitet. Wer von einer solchen Anlage träumt, sollte sich auf zeitaufwendige Pflegearbeiten einrichten.

einer Walze verdichtet. Wichtig dabei ist das kleine Gefälle, das schon in die unterste Schicht eingebaut werden muss, damit das Wasser ablaufen kann.

Der wassergebundene Weg ist klar und schlicht, lässt der Gartenanlage ihren großen Auftritt, sorgt für trockene Füße, ist belastbar und preisgünstig. Nach ein paar Jahren sollte die Oberfläche neu belegt werden.

Neben diesen Arten des Wegebelags gibt es eine Menge Kombinationsmöglichkeiten, zum Beispiel lassen sich in Kieswege Naturstein- oder Holzelemente einfügen, Ziegelwege vertragen sich gut mit anderen Materialien, die in Form und Farbe passen, Natursteine können zusammen mit Kleinpflaster einen besonderen Charme entwickeln und Trittsteine in Mulchwegen sehen gut aus und bieten festen Tritt.

Wer viel Fantasie und wenig Geld hat, sollte auf Recyclingmaterial achten. Gebrauchte Klinker, Betonplatten, Natursteine oder ähnliche Materialien finden sich in mancher Gartenecke und können zu interessanten Wegemustern kombiniert werden. Dazu haben diese bereits die Patina, auf die bei neuen Materialien oft so sehnsüchtig gewartet wird.

Wer einen gepflasterten Weg anlegt, muss wissen, dass sich in den Fugen immer wieder unerwünschte Kräuter und Gräser ansiedeln, egal, wie schmal oder breit die Fugen sind. Der Gartenbesitzer muss sich also regelmäßig bücken, auch wenn er hier und da sogenannte Ritzenblüher, wie zum Beispiel Glockenblumen, wilde Erdbeeren oder Frauenmantel, zulässt.

HÖHEN UND TIEFEN
SPANNUNG AUF VERSCHIEDENEN EBENEN

Die ebene Fläche, umfasst mit Hecke oder Zaun, vorzugsweise bewachsen mit Rasen – ein solcher Garten wirkt eher langweilig. Schon ein einzelner größerer Baum oder ein hohes Tor bringen Abwechslung hinein: Ein Garten braucht Höhen und Tiefen. Ein paar Möglichkeiten, sie zu schaffen, werden hier vorgestellt.

PERGOLA UND BÖGEN Die bekannteste Möglichkeit, Spannung und Abwechslung in den Garten zu bringen, ist die Pergola. Schon in der Antike war diese Art von Säulen- oder Pfeilergang bekannt und schon damals diente die Pergola dazu, schattige Plätze und Gänge zum reinen Vergnügen und Lustwandeln zu schaffen. Eine Pergola steht nicht frei, sie hat einen End- oder Anlehnpunkt. Das kann die Haus- oder Garagenwand sein oder auch ein laubenähnlicher Sitzplatz, auf den die Pergola zuläuft. Steinerne Säulen als Stützpfeiler mit Holzstreben als luftige Überdachung sind in vielen großen Gärten in Italien oder England zu finden.

Wer nicht so viel Platz oder Geld hat, baut die Pergola ganz aus Holz. Es empfiehlt sich, wetterbeständige Arten zu verwenden. Alte Pergolen wurden aus Eichenholz gebaut, dieses eher teure Material kann zum Beispiel durch Lärchenholz ersetzt werden. Pergolen gibt es in vielen Varianten – am bekanntesten sind zweireihige Pergolen, deren Reiter eine Art luftige Überdachung eines Ganges bilden, und einreihige Pergolen, die vor allem als Abgrenzung und Rankhilfe dienen. Bei allen Holzpergolen gilt, dass die Stützpfeiler in Metallschuhen stehen müssen, also nicht mit dem Boden in Berührung kommen. Die Abstände zwischen den Stützpfeilern sollten etwa zwei Meter betragen, die Pergola sollte mindestens 2,40 Meter hoch sein. Wer eine üppige Bepflanzung plant, sollte lieber mehr in die Höhe gehen, damit er beim Lustwandeln durch seinen grünen Gang nicht den Kopf einziehen muss.

Eine andere, eher aufwendige Möglichkeit ist die Pergola aus Metall. Egal, ob kunstvoll geschmiedet oder streng und formal: Diese Variante sieht edel aus und ist haltbar, aber auch teuer.

Wer keine ganze Pergola anlegen kann, der kann auf verschiedene Bögen zurückgreifen: Ob aus Holz, Metall oder auch Weide, ob schlicht, kunstvoll verziert oder rustikal bieten sie Kletterpflanzen Halt und bringen eine neue Dimension in den Garten.

Für alle Pergolen und Bögen gilt: Die Stützpfeiler müssen auf stabilen Fundamenten ruhen. Egal, ob die Pergola einen Gang oder ein breites Tor bildet oder ob sie einen Sitzplatz beschirmt: Sie muss sicher gegründet sein.

PYRAMIDEN, SÄULEN, RANKGITTER Wer wenig Platz im Beet hat, kann überlegen, ob er seine Pflanzen in die Höhe wachsen lässt. Kletter- und Ramblerrosen oder Clematis zum Beispiel lassen sich gut

Ob aus Holz oder Metall, ob mit Rosen, Rankpflanzen, Spalierobst oder Hainbuche bewachsen: Laubengänge und Pergolen bringen Höhe in den Garten und schaffen Räume und Durchblicke.

Die Bäume im Hintergrund und der Rosenbogen über dem Eingangstor bringen Struktur in den vom Staketenzaun umgebenen Gemüsegarten.

in hohen Rankgittern in die Höhe bitten; sind sie kunstvoll geschmiedet, sind sie ein zusätzlicher Hingucker. Ebenso geeignet für Pflanzen, die einen Drang in die Höhe haben, sind Säulen – aus Stein, aus Holz, aus Metall. Sie eignen sich auch als Basis für geräumige Töpfe, in denen das wächst, was im Beet keinen Platz mehr hat.

Alte Zaungitterteile, kunstvoll geflochtene Weidenobjekte, rustikale Holzgatter können das Beet auflockern, Halt für Pflanzen wie Wicken oder Kapuzinerkresse bieten und Spannung in ebene Flächen bringen.

Vor allem Gemüsegärtner schätzen Pyramiden – Konstrukte vorwiegend aus Holz in unterschiedlicher Größe und Höhe, die von Kürbis und Gurke beklettert werden. Und wer Stangenbohnen liebt, der kann mit ein paar Ideen seinen Staketenwald zu einem Kunstwerk machen. Zum Beispiel können die Stangen bemalt werden oder es werden Kugeln, Blumentöpfe oder interessante Fundstücke auf ihnen positioniert. Einfach einmal ausprobieren!

HOCHBEETE Wer üppiges Gemüse ziehen will, kann über die Anlage eines Hochbeetes nachdenken. Es bringt nicht nur Struktur in den Garten, sondern lässt bei genug Licht das Gemüse prima wachsen, unabhängig von der Bodenbeschaffenheit des Gartens. Die Höhe eines solchen Beetes ist variabel – am besten ist eine Höhe, in der sich bequem arbeiten lässt; je nach Körpergröße und sitzender oder stehender Arbeitshaltung sind das 60 bis 100 Zentimeter. Die Einfassung kann dem Gartenstil angepasst werden, Holz eignet sich so gut wie Stein- und Betonplatten oder Metall. Wird Holz verwandt, muss es kesseldruckimprägniert und an der Innenseite des Beetes mit Folie ausgekleidet sein, damit die Einfassung nicht vorzeitig verrottet und die Imprägnierstoffe nicht in die Erde gelangen. Die Grundfläche des Beetes wird etwa 30 cm tief ausgehoben, damit das Wasser abfließen kann, und so geplant, dass es von allen Seiten gut zu bearbeiten ist. Das sind je nach Armlänge etwa 120 bis 150 Zentimeter. Schädlinge wie Wühlmäuse lieben die Wärme des Beetes, deshalb am besten zuunterst und an den Seiten einen feinmaschigen Draht anbringen. Dann werden die Wände gesetzt. Ins Beet wird zuerst grober Baum- und Strauchschnitt eingefüllt, darauf gehäckselter Strauchschnitt, zerkleinerter Staudenschnitt und Grünabfälle. Die letzte Schicht besteht aus Gartenerde mit Kompost oder Blumenerde.

Die Vorteile des Beetes liegen neben der bequemen Arbeitshöhe vor allem in üppigem Pflanzenwachstum, verstärkt durch die Verrottungswärme. Außerdem kann mit einem Hochbeet auch derjenige Gemüse oder anspruchsvolle Blumen pflanzen, der nur einen verdichteten, steinigen Boden mit dünner Humusschicht in seinem Garten hat, auf dem so kaum etwas wächst.

Die Nachteile liegen in der Notwendigkeit, das Beet regelmäßig zu wässern. Außerdem muss es in jedem Jahr vor der Bepflanzung um einiges aufgefüllt werden, weil die unteren Schichten verrotten und absacken. Nach etwa fünf Jahren muss das Beet insgesamt neu angelegt werden, die verbrauchte Erde kann dabei im Garten verteilt werden.

SENKGARTEN, MULDEN Der berühmte Senkgarten von Karl Foerster ist ein gutes Beispiel dafür, dass es sich lohnt, nicht nur in die Höhe, sondern auch mal in die Tiefe zu gehen. Dieser Senkgarten wurde nicht zuletzt angelegt, um die heftigen Winde der Bornimer Feldflur abzuwehren. Ein solcher Garten bietet Schutz und eine Art Bühne für seine Bepflanzung.

Wer einen Teich anlegen will, kann überlegen, ob er es wie Foerster macht und ihn tiefer legt. Aber auch ohne Teich schaffen tiefer gelegte Sitzplätze oder Anlagen überraschende Aus- und Einblicke und heimelige Orte, an denen man sich gern aufhält. Solche Plätze sind selten von Natur aus vorhanden, sie müssen ausgehoben werden. Die Wände müssen befestigt werden, vorzugsweise mit einer Trockenmauer, und die Zugänge müssen gut geplant werden. Wer einen Sitzplatz im Senkgarten einrichtet, dem präsentieren sich die Pflanzen wie auf einer Bühne. Wer dort Wasser und Steingartenterrassen ansiedelt und seinen Sitzplatz darüber plant, hat einen Logenplatz für sein ganz persönliches Gartentheater.

Diese schöne Hochbeetanlage beherbergt Kräuter, Gemüse und blaue Blüten, sie zeigt ihre Schätze kleinteilig wie in einer Ladenauslage. Wer die Idee aufnehmen möchte, sollte die begrenzte Haltbarkeit von Weidengeflecht bedenken und die Hochbeetwände von innen schützen, damit sie möglichst lange Freude bereiten.

DAS IST DER FRÜHLING

Frühling – das ist für Gärtner ein anderes Wort für Sehnsucht und Anfang. Schnee und Kälte sind nach dunklen Monaten zur Last geworden. Die Beete sind braun, die Sträucher und Bäume vorwiegend kahl und auch die vergessene Weihnachtsdekoration heitert nicht mehr auf. Besonders in milden Wintern halten wir schon ab Januar nach den ersten Anzeichen des Frühlings Ausschau. Die erste Hamamelisblüte, die winzigen weißen Spitzen der Schneeglöckchen oder das kleine Alpenveilchen (Cyclamen coum) sind Verheißung pur: Ein Gartenjahr voller Möglichkeiten beginnt.

Neben der sehr persönlichen Wahrnehmung, wann der Frühling beginnt, haben Astronomen, Meteorologen und Phänologen diese Jahreszeit auf verschiedene Weise definiert. Der astronomische Frühling beginnt zur Tag- und Nachtgleiche, am 20. oder 21. März. Zu diesem Zeitpunkt sind überall auf der Welt Tag und Nacht gleich lang.

Die Meteorologen teilen den Jahreszeiten jeweils drei Monate zu. Der meteorologische Frühling beginnt am 1. März und endet am 31. Mai.

Der phänologische Frühling ist differenzierter. Er ist in drei Phasen unterteilt, die jeder Gärtner gut beobachten kann. Blühbeginn oder Laubaustrieb bestimmter Pflanzen zeigen Vorfrühling, Erstfrühling oder Vollfrühling an. Ein Datum kann diesen Phasen nicht genau zugeordnet werden, weil geografische Lage, Standort und bisheriger Witterungsverlauf eine wichtige Rolle spielen.

Der Vorfrühling beginnt, wenn Schneeglöckchen, Haselnuss und Huflattich blühen. Es folgen der Erstfrühling mit blühenden Forsythien, Himmelsschlüsseln und Stachelbeeren und der Vollfrühling mit Apfelblüten und duftendem Flieder. Wenn sich die Eschenblätter entfaltet haben, ist kein Frost mehr zu befürchten. Das kann durchaus auch vor den Eisheiligen sein, die mit der kalten Sophie am 15. Mai enden.

Übrigens beginnt der Vollfrühling Ende Februar im Südwesten Portugals und zieht mit etwa 40 Kilometern pro Tag nordwärts, bis er 90 Tage später im 3.600 Kilometer entfernten Finnland angekommen ist. Man sieht Mörikes blaues Band des Frühlings förmlich durch Europa flattern.

Die Unterteilungen des phänologischen Frühlings haben besonders für Gärtner großen praktischen Wert. Sie erlauben, den Garten so zu bearbeiten, dass Saatgut und Pflanzen die richtigen Bedingungen vorfinden und keinen Schaden leiden, weil sie entweder zu früh oder zu spät gepflanzt oder gesät werden.

Tulpenpracht, Rhabarberstauden und frisch austreibende Buchshecken machen Lust auf ein schönes und ertragreiches Gartenjahr.

AUFZUCHT
FÜR EIN ÜPPIGES GARTENJAHR

Der Frühling gibt dem Gärtner die Möglichkeit, in bunten Samentütchen zu schwelgen und das vorzuziehen, was er später unbedingt in seinem Garten finden will. Im Vorfrühling, wenn die Haselsträucher blühen, geht es los mit der ersten Aussaat. Es ist ein besonderes Vergnügen, seinen Pflanzen beim Wachsen zuzusehen: vom ersten grünen Pickelchen bis zum Pflänzchen, das ins Freie gesetzt werden kann. Allerdings sind einige Vorbereitungen sowie der richtige Standort und die richtige Temperatur für den Start wichtig, damit es keine Enttäuschungen gibt.

GEFÄSSE UND ERDE Zuerst werden flache Anzuchtkästen gebraucht, in die ausgesät wird. Diese flachen Kunststoffkästen sind in verschiedenen Größen im Handel zu bekommen. Die meisten haben einen Deckel, der die Feuchtigkeit hält. Manchmal lohnt es sich, auf die Kunststoffabfälle im Haushalt zu achten: Schälchen, in denen Obst und Gemüse gekauft wurde, oder manche Hartplastikverpackung eignen sich genauso gut für die Anzucht. Wenn es nötig ist, kann eine durchsichtige Plastiktüte, zum Beispiel ein Gefrierbeutel, für ein Mikroklima darüber gespannt werden. Die Kästen werden mit Anzuchterde gefüllt, sie ist steril und bietet die richtigen Voraussetzungen, damit die Samen gut aufgehen. Dünger oder andere Zusätze sind jetzt noch nicht gefragt und eher kontraproduktiv. Sie hemmen das Wurzelwachstum.

Sind die Pflänzchen groß genug (außer den Keimblättern müssen mindestens zwei Laubblätter erschienen sein), müssen sie vereinzelt oder pikiert werden. Wer nicht viel Zeit aufwenden will oder kann, der ist gut beraten mit Fertigprodukten wie den kleinen Torfplättchen, die sich mit Wasser vollsaugen und das Pflänzchen (oder auch größere Samenkörner) aufnehmen. Wer Zeit einsetzen und Geld sparen möchte, findet Geeignetes auch außerhalb des Fachhandels. Zum Beispiel eignen sich Eierkartons oder -paletten wunderbar zum Auspflanzen, wenn ein Tablett daruntergestellt wird. Auch die kleinen 10er-Packs gut aufheben, in denen im Frühjahr Stiefmütterchen und andere verkauft werden, sie sind bestens geeignet. Wer einen Friedhof in der Nähe hat, findet solche Packs in der Entsorgungsecke im Überfluss; es lohnt sich, mal vorbei zu gehen.

Die Erde für diese Gefäße muss jetzt etwas reichhaltiger sein, damit die Pflänzchen genug Futter zum Wachsen haben. Diese Faustregel hat sich bewährt: zur Hälfte Blumenerde, dazu ein Viertel Sand und ein Viertel Blähton oder Perlit (Körnchen aus vulkanischem Gestein). In dieser Mischung sind genug Nährstoffe enthalten, das Wasser wird gespeichert und kann andererseits gut ablaufen, wenn zu viel davon da ist. So kann sich weder Staunässe bilden noch die Pflanzerde verschlämmen.

Apropos Wasser: Sind die Samen in die Anzuchterde gebracht, muss diese feucht gehalten werden. Trocknet die Erde aus, geht der Samen nicht

Hier ist Vorbereitung, Anzucht und Pflege gelungen: Gemüsebeet im Vollfrühling.

Von der Holzkiste bis zum Gewächshaus gibt es eine Menge Mittel, den Pflanzen über ein kaltes Frühjahr zu helfen. Auch die wunderschönen Rhabarber-Bleichtöpfe gehören dazu.

auf. Ist sie zu nass, verfault das Saatgut. Wer in Kästen oder Anzuchtgefäße im Haus aussät, besorgt sich am besten einen altmodischen Wäschesprenger, das ist eine kleine Plastikflasche mit löchrigem Aufsatz, aus dem feine Wasserstrahlen auf die Erde gesprüht werden können. Neben Wasser wird für eine Reihe von Saaten auch Geduld gebraucht. Da ist zum Beispiel die Petersilie, die oft erst drei Wochen nach der Aussaat zeigt, dass sie nicht aufgegeben hat.

Es gibt viele Rezepturen für Pflanzerden, die Gewächsen mit unterschiedlichen Ansprüchen gerecht werden. Diese Wissenschaft sei denen vorbehalten, deren Leidenschaft der Anzucht gehört oder die sich für Samen aus aller Welt interessieren, die besondere Bedingungen brauchen.

Für unseren Blumen- und Gemüsegarten ist es hilfreich, wenn wir unsere Pflanzerde sterilisieren. Kein Kompost ist frei von Bakterien, Viren oder Pilzen und unerwünschten Samen, und wenn sie aufgehen, sind sie anfangs nur schwer vom Inhalt unserer Samentüten zu unterscheiden. Das Sterilisieren lässt sich gut selbst bewerkstelligen: Die Pflanzerde wird zum Beispiel in einen Bratschlauch gefüllt, gut verschlossen und oben mit ein paar Löchern luftdurchlässig gemacht. Dann in die Mikrowelle, die 10 Minuten auf Höchstleistung gestellt wird, oder für 30 Minuten bei 200 Grad in den Backofen – fertig ist eine Pflanzerde, in der weder Springkraut noch Vogelmiere unseren favorisierten Pflänzchen Konkurrenz machen kann.

STANDORTE   Wer seine Pflanzen möglichst früh im Jahr vorziehen will, braucht Licht und Frostschutz, wenn er seine Pflanzgefäße vorbereitet hat. Die helle Fensterbank oder das helle, kühle Treppenhaus reichen aus für den, der nicht viel mehr als seine Tomatenpflanzen und ein paar Sonnenblumen für den Sommer braucht. Wer einen Gemüsegarten bestücken will und einen langen Wunschzettel an Sommerblumen hat, der muss sich etwas anderes überlegen, will er Bad und Schlafzimmer nicht zum Dschungel im Kleinformat umfunktionieren.

GEWÄCHSHAUS   Der Traum vieler Gärtner ist ein Gewächshaus. Wer diesen Traum umsetzen möchte, steht vor einer Fülle von Möglichkeiten. Da gibt es beheizte und unbeheizte Häuser, frei stehende und solche, die sich ans Haus anlehnen. Es gibt funktionale, die von außen eher nicht so ansehnlich sind und gern im hinteren Gartenteil versteckt werden. Es gibt elegante Konstrukte, chic und vorzeigbar, wie zum Beispiel die Nachbauten englischer Gewächshäuser mit Klinkerfundamenten und Metallreitern auf dem Dach.

Die Fenster oder Wände des Gewächshauses können aus Glas oder Kunststoff sein, manche haben einfach eine starke Folie als Außenwand. Auch die Isolierung ist unterschiedlich. Ist das Gewächshaus nicht beheizbar, stellt mancher Gärtner eine kleine, mobile Frostschutzanlage hinein.

Für alle Arten von Gewächshäusern gilt, dass sie ein Fundament brauchen. Wer ein Gewächshaus plant, sollte darauf achten, dass Licht, Stromversorgung, Wasseranschluss und Wasserablauf nicht vergessen werden. Auch für eine Beschattungsmöglichkeit muss gesorgt werden, nicht nur für einen heißen Sommer, sondern auch für den Vorfrühling mit seinen Temperaturwechseln zwischen starker Sonneneinstrahlung und Frost. Die Möglichkeit, das Gewächshaus zu lüften, ist ebenfalls sehr wichtig: Stehende, feuchte Luft ist ein perfekter Nährboden für Pilzbefall, und Nützlinge haben im hermetisch abgeschlossenen Raum keinen Zugang zu Schädlingen wie Läusen oder der weißen Fliege.

Im Gewächshaus beginnt die Saison früh: Schon im Spätwinter können Pflanzen vorgezogen werden. Auch die Kübelpflanzen, die keinen Frost vertragen und im Haus keinen Platz finden, finden hier Asyl. Empfindliche Pflanzen wie Tomaten, Paprika und Gurken danken den Schutz des Gewächshauses mit reicher Ernte.

Der Nachteil eines Gewächshauses ist sein Preis. Auch für die einfachste Ausführung sind ein Fundament sowie Strom- und Wasserzugänge nötig. Wer in seinem Gewächshaus nicht nur Regale für Pflanzgefäße, sondern auch Beete anlegt, sollte nicht vergessen, die Erde nach ein paar Jahren auszutauschen – bei Pilz- und Schädlingsbefall selbstverständlich schon früher.

KALTER KASTEN Der kalte Kasten war früher in jedem Gemüsegarten zu finden. Das schräge, flache Konstrukt war mit alten Fensterrahmen versehen, die sich je nach Bedarf öffnen ließen. Ein kalter Kasten ist etwa 50 bis 60 Zentimeter hoch, seine Seitenwände bestehen aus imprägnierten Holzbrettern, Kunststoff oder Metall. Er hat eine Neigung von fünf bis zehn Zentimetern, die niedrige Seite ist nach Süden ausgerichtet. Der kalte Kasten umfasst eine Grube von etwa 30 Zentimetern Tiefe, die Basis wird mit Styroporplatten isoliert. Darauf wird Erde aufgebracht, Kompost (1 Teil) gemischt mit Gartenerde (2 Teile) und Sand (1 Teil). Die Fenster des kalten Kastens können aus Glas, Plexiglas oder Folie bestehen, die doppelt auf den Rahmen gespannt wird. Wer einen kalten Kasten, ein Frühbeet oder ein Mistbeet bauen möchte, der sollte an Baustellen oder Abrisshäusern ein Auge auf ausgewechselte Fenster haben, die kosten nichts und sind bestens geeignet. Der kalte Kasten braucht einen windgeschützten Standort, der nicht zu weit vom Haus entfernt sein sollte, damit bei Bedarf gelüftet oder beschattet werden kann.

FRÜHBEET, MISTBEET Früh- und Mistbeete werden genau so angelegt wie der kalte Kasten. In die ausgehobene Grube (hier bis zu 50 Zentimeter tief) kommt eine Isolierung aus Styroporplatten oder einer dicken Laubschicht, darauf kommt frischer, strohiger Pferdemist, der nach ein paar Tagen zu einer 30 Zentimeter hohen Schicht zusammengetreten wird. Darauf kommt Pflanzerde wie im kalten Kasten. Der Mist entwickelt eine Wärme, die die Sämlinge bis zu einer Minustemperatur von sechs Grad schützt. Wird es kälter, müssen die Fenster zusätzlich abgedeckt werden.

Die Mistschicht kann durch eine Heizschlange ersetzt werden. Sie wird in ein Sandbett von etwa 15 Zentimetern Stärke verlegt. Übrigens sind Frühbeetkonstruktionen und kalte Kästen in allen Variationen in Baumärkten als fertige Bausätze zu bekommen.

Werden Gemüsepflanzen ins Freiland gesetzt oder gesät, empfiehlt es sich, das Beet mit gelochter Folie, Vlies oder einem Folientunnel abzudecken. Dieser Schutz beschleunigt das Wachstum und schützt vor Schädlingen.

TEMPERATUREN Pflanzen sind Individuen, sie brauchen die unterschiedlichsten Bedingungen. Dazu gehören auch Wärme oder Kälte. Es gibt Pflanzen, die brauchen Kälte, um zu keimen, andere brauchen dafür unbedingt mehr als 18 Grad. Wer das nicht weiß, wundert sich unter Umständen, warum seine Lieblingspflanze durchaus nicht starten will. Auf den Rückseiten der Samentüten ist aufgeführt, welche Temperatur die Pflanze zum Keimen braucht. Wer geschenkten oder selbst abgenommenen Samen aussäen möchte und nicht genau weiß, was nötig ist, der findet im Internet Hinweise. Hier ein paar Beispiele beliebter Blumen- und Gemüsesamen und ihrer Temperaturwünsche:

Viele Pflanzen aus Bergregionen wie die Silberdistel (*Carlina acaulis*), Himmelsschlüssel (*Primula veris*), Adonisröschen (*Adonis vernalis*), Duftveilchen (*Viola odorata*), Küchenschelle (*Anemone pulsatilla*), aber auch Gemüse wie der Meerkohl (*Crambe maritima*) oder Kräuter wie Waldmeister und Bärlauch sind Kaltkeimer. Erst niedrige Temperaturen lösen die keimhemmenden Stoffe.

So können Kaltkeimer gezogen werden: Ist der Boden gefroren, werden die Samenkörner in eine Keimschale oder in einen Blumentopf gegeben und angefeuchtet. Dann kommt ein Plastikbeutel darüber, damit sich die Feuchtigkeit nicht verflüchtigt. Unter einem Busch oder im Schatten einer Mauer im Freien aufstellen und der Kälte aussetzen. Wenn sich zartes Grün zeigt, die Folie entfernen und die gekeimten Jungpflanzen bald pikieren.

Ersatzweise kann der Kühlschrank den Winter simulieren: Den Samen bei plus 15 Grad zwei Wochen lang ankeimen. Danach die Saatschale in einen Plastikbeutel stecken und 10 bis 14 Tage lang bei plus 4 Grad im Kühlschrank aufbewahren. Anschließend langsam wieder bei höheren Temperaturen aufstellen, bis sich die ersten grünen Spitzen zeigen.

15 Grad plus oder weniger zum Keimen brauchen Sommerastern (*Callistephus*), Sommerphlox oder die Studentenblume (*Tagetes*),

Sonnenblumen (*Helianthus*), Levkoje (*Matthiola*) und Kapuzinerkresse (*Tropaeolum*). Auch Gemüsesorten wie Kopf-, Pflück- und Schnittsalat brauchen diese Temperatur, ebenso wie Radieschen, Kohl und Kohlrabi. Wer keinen kalten Kasten hat, bei dem eignet sich für die Anzucht dieser Sorten ein helles, kühles Treppenhaus.

Mehr als 18 Grad zum Vortreiben brauchen Löwenmäulchen (*Antirrhinum*), Spinnenblumen (*Cleome*) oder Zinnie (*Zinnia*). Paprika, Sellerie und Tomaten schließen sich an. Fehlt ein Gewächshaus, eignet sich für diese Aussaat auch eine helle, zugluftfreie Fensterbank im Badezimmer als Standort. Die Saatschälchen am besten auf eine Styroporplatte stellen, damit die Erde nicht zu kalt wird.

LISTEN Informationen (ohne Anspruch auf Vollständigkeit) über unterschiedliche Aussaatbedingungen beliebter und gern verwendeter Blumen- und Gemüsesorten gibt die nebenstehende Übersicht.

VORFRÜHLING	GEMÜSE	BLUMEN
Haselnussblüte	**GLASHAUS** *(aussäen)* Paprika, Sellerie, Tomaten **FRÜHBEET** *(aussäen)* Radieschen, Spinat, Dill, Pflücksalat, Herbstporree, Kresse **FRÜHBEET** *(pflanzen)* Kopfsalat	**GLASHAUS** *(aussäen)* Löwenmaul, Spinnenpflanze, Sommernelke, Ziertabak, Zinnie, Salbei, Prunkwinde **FRÜHBEET** *(aussäen)* Fuchsschwanz, Schmuckkörbchen, Fleißiges Lieschen
Huflattichblüte	**KALTER KASTEN** *(aussäen)* Kopf-, Pflück- und Schnittsalat, Rote Bete, Radieschen, Rettich, Lauch, Kohl, Kohlrabi	**KALTER KASTEN** *(aussäen)* Sommeraster, Sommerphlox, Studentenblume, Sonnenblume, Levkoje, Kapuzinerkresse

ERSTFRÜHLING	GEMÜSE	BLUMEN
Forsythienblüte	**GLASHAUS** *(pflanzen)* Sellerie, Tomaten, Paprika, Gurken, Zucchini, Basilikum, Kopfsalat **FRÜHBEET** *(aussäen)* Freilandgurken **FRÜHBEET** *(pflanzen)* Blumenkohl, Kohlrabi, Kopfsalat **FREILAND** *(aussäen)* Spinat, Pflücksalat, späte Möhren, Mangold, Rote Bete, Erbsen, Petersilie *(pflanzen)* vorgekeimte Kartoffeln und Steckzwiebeln	**GLASHAUS UND FRÜHBEET** siehe Vorfrühling **FREILAND** *(aussäen)* Ringelblumen, Schleierkraut, Sonnenblume, Kapuzinerkresse, Winde, Gartenreseda *(vortreiben)* Dahlien
Stachelbeer- und Süßkirschenblüte	**FREILAND** *(pflanzen)* vorgezogene oder gekaufte Pflanzen: Kohlrabi, Sommerporree, Kopfsalat, Eissalat, Blumenkohl, Brokkoli, Weißkohl	**FREILAND** *(aussäen)* alle Sommerblumen und einjährigen Gräser

VOLLFRÜHLING	GEMÜSE	BLUMEN
Apfelblüte	**GLASHAUS** *(aussäen)* und Vorkultur von Zucchini **FREILAND** *(aussäen)* Markerbsen, Spinat, Radieschen, Pflücksalat, mittelfrühe Möhren, Rote Bete, Schwarzwurzeln, Rettich	
Fliederblüte	*(pflanzen)* Rotkohl, Grünkohl, Wirsing, Rosenkohl, Winterporree, Kartoffeln	
Nach den Eisheiligen (15. Mai) oder der Eschenblatt-entwicklung	**FREILAND** *(aussäen)* Stangen- und Buschbohnen, Zuckermais, Gurken, *(auspflanzen)* vorgezogenes Gemüse	**FREILAND** *(auspflanzen)* frostempfindliche einjährige Sommerblumen, Dahlien, Balkonpflanzen, Kübelpflanzen

AKTIONEN IM FRÜHLINGSGARTEN
SCHNEIDEN UND PFLEGEN

Im Vorfrühling mit den ersten warmen Sonnenstrahlen packt es den Gärtner. Der Blick in den Garten zeigt: Es muss aufgeräumt und geschnitten werden. Die Stauden- und Gemüsebeete werden jetzt abgeräumt, wenn das im Herbst noch nicht geschehen ist. Bäume und Sträucher werden geschnitten, ebenso wie die immergrünen Formgewächse und Hecken. Der Winterschlaf ist vorbei, Scheren und Spaten, Häcksler und Säge werden zurechtgelegt. Dann geht es in Gummistiefeln, Zwiebel-Look und Pudelmütze in den Garten.

Bevor der Gärtner in die Beete steigt, um zu schneiden und zu ordnen, sollte er den Boden überprüfen. Schwere, lehmige Böden halten die Feuchtigkeit und neigen dazu, zu verfestigen, wenn jetzt zu viel auf ihnen herumgelaufen und gearbeitet wird. Wer vermeiden will, dass die Sauerstoffzufuhr im Boden abgeschnitten wird und Kleinlebewesen zerstört werden, probiert es mit einer Handvoll Erde, bevor er ins Beet steigt. Wenn beim Zusammendrücken Wasser herauskommt oder ein fester Ball entsteht, ist der Boden zu nass.

Eine andere Klippe sind die Zwiebelblüher wie Krokusse, Narzissen und Tulpen, die jetzt anfangen, ihre grünen Spitzen zu zeigen. Auch sie vertragen es nicht, wenn der Gärtner ihnen auf den Kopf steigt. Es ist also gut, die Aufräumarbeiten im Beet früh und vorsichtig in Angriff zu nehmen, damit die spätere Zwiebelblüte nicht beeinträchtigt wird.

STAUDENSCHNITT Im Winter entwickeln viele Stauden und Gräser eine ganz eigene Schönheit. Besondere Samenstände wie die des Roten Sonnenhutes (*Echinacea purpurea*) oder sich im Wind wiegende hohe Gräser geben den Beeten Struktur, Raureif und Schneehäubchen krönen sie. Jetzt im Vorfrühling allerdings ist die Pracht vorbei. Erfrorene Blattstände legen sich auf das Beet und bieten Schädlingen wie Schnecken und Pilzen den idealen Unterschlupf. Werden jetzt die abgestorbenen Teile der Stauden abgeschnitten und aus dem Beet entfernt, haben die Pflanzen die Möglichkeit, ungehindert von Altlasten und Schädlingen durchzustarten.

Bei diesen Arbeiten ist es wichtig, neben der Schere auch kleine Markierungsstöcke in Griffnähe zu haben. Sonst sieht der Gärtner nach dem Aufräumen ein vorwiegend leeres Beet vor sich und ist versucht, Neuerwerbungen an die Plätze zu pflanzen, die eigentlich schon besetzt sind. Zu den Stauden, die im Vorfrühling nach dem Schnitt „verschwunden" sind, gehören zum Beispiel Sonnenbraut (*Helenium*) oder Funkie (*Hosta*), die sich nur noch als kleine Erhebung im Beet bemerkbar macht. Gegen „Überpflanzungen" helfen auch Fotos, die im Vorjahr von den Beeten gemacht wurden und die zeigen, was hier demnächst zu erwarten ist.

BAUM- UND STRAUCHSCHNITT Die Zeit zum Schneiden von Gehölzen ist richtig, wenn der stärkste Frost vorbei ist und die Sträucher

Dieser Frühlingsgarten mit formalen Elementen, Tulpen und Kaiserkronen ist rundum frisch beschnitten und bereit für Pflanzaktionen.

Frühlingslust pur: Die Bank um den blühenden Kirschbaum im Narzissenkranz lädt ein, die Arbeit zu vergessen und einfach nur zu genießen.

und Bäume noch nicht im Saft stehen, also in der Regel im Februar. Die Weiden werden geköpft, Sträucher und überhängende Äste werden gestutzt.

Bei den Sträuchern gibt es ein paar Regeln, die der Gärtner beachten sollte. Einige müssen im Vorfrühling in Ruhe gelassen werden. Das sind vor allem die, die ein paar Wochen später im Erstfrühling blühen, wie Forsythien oder Sorten der *Spiraea*. Die kommen unter die Schere, wenn sie ausgeblüht haben. Dann werden die alten Zweige zurückgeschnitten, damit die Pflanzen neue Triebe und mit ihnen die Blüten des nächsten Jahres ausbilden können. Werden sie gar nicht oder erst im Sommer geschnitten, beeinträchtigt das die nächste Blüte.

Alle anderen Sträucher können jetzt ausgeschnitten werden. Dabei werden tote Zweige oder alte Triebe möglichst dicht am Erdboden abgeschnitten. Sind die Sträucher zum Beispiel in einer Wildhecke überaltert und zu üppig geworden, kann man sie auf den Stock setzen. Dazu wird der Strauch eine Handbreit über dem Boden abgeschnitten und braucht einen Sommer lang, um wieder auszutreiben – zu einer schöneren Form als vorher. Bei alten Hecken sollte das alle 10 bis 15 Jahre geschehen. Auch wenn das Herz ob des „Kahlschlags" blutet, die Hecken danken es dem mutigen Gärtner.

Für Januar oder Februar wird der Obstbaumschnitt empfohlen. Die Gründe dafür sind das fehlende Laub, geringere Gefahr von Ansteckung durch Krankheitskeime und die Zeit: Im Spätwinter ist im Garten nicht viel anderes zu tun. Gute Erfahrungen sprechen allerdings für den Schnitt im Sommer oder Herbst bald nach der Ernte. Er hat eine Reihe von Vorteilen, die das eherne Gesetz des Februarschnitts aushebeln. Der Obstbaumschnitt wird deshalb von uns im Winter genauer behandelt.

Alle Hecken und Formgewächse sollten im Vorfrühling in ihre Grundform geschnitten und von alten, abgestorbenen Trieben befreit werden, egal, ob Buchs oder Liguster, Taxus oder Hainbuche. Diese Empfehlung gibt die Fachhochschule für Landbau und Landespflege in Pillnitz. Die Vorteile liegen auf der Hand: Bei dem nötigen Grobschnitt ins Holz haben die Pflanzen Gelegenheit, sich zu erholen und wieder auszutreiben, und sie sind weniger anfällig für Schädlinge. In der Sommerhitze ist zum Beispiel die Buchshecke nach einem Grundschnitt gestresst und wird oft unansehnlich. Die Hecken, die ihr Laub im Winter abwerfen (Liguster, Hainbuche), brauchen allerdings im Sommer einen zweiten, manchmal dritten Schnitt, weil sie kräftig austreiben und ihre Triebe immer wieder in die Höhe strecken. Ansonsten ist der Grundschnitt im Februar praktisch: Im Juni ist so viel anderes im Garten zu tun …

ROSENSCHNITT Der März lässt die Forsythien blühen und die Rosen können geschnitten werden. Der Rosenschnitt ist zur viel beschriebenen Wissenschaft geworden. Wichtig ist zuerst, die Rosen nicht im

Auch so kann der Schredder genutzt werden: Dieser Weg im Hochsommerbeet mit Großstauden und Gräsern sorgt für eine schöne Optik und für angenehmes Gehen auf dem Naturmaterial, wenn er gut gegründet ist.

Herbst zurückzuschneiden und wirklich bis zur Forsythienblüte zu warten, auch wenn die alten Triebe ins längst aufgeräumte Beet ragen.

Bei allen Rosen sollte das alte Holz und schwache Triebe ausgeschnitten werden, damit die Pflanze kräftig austreiben kann, sehr starke Triebe stärker als die anderen kürzen, damit ein schönes Pflanzenbild entsteht. Beim Schrägschnitt darauf achten, dass die Augen nach außen zeigen, sonst wachsen die neuen Triebe nach innen und es entsteht eine Enge, die die Rose nicht mag.

Bevor die Schere in Aktion tritt, erst einmal nachsehen, welche Rose da geschnitten werden soll. Beet- und Edelrosen können bis zu 20 Zentimeter über dem Boden oder noch kürzer abgeschnitten werden. Strauch- und Kleinstrauchrosen (früher Bodendeckerrosen) brauchen nur wenig geschnitten zu werden. Hier ist vor allem Auslichten nötig. Wenn der Standort es verlangt, können aber auch sie radikal zurückgeschnitten werden, sie nehmen das nicht übel und treiben kräftig wieder aus.

Kletterrosen können nach dem Standort geschnitten werden, eher weniger, nur das alte Holz muss ausgelichtet werden. Einmal blühende Ramblerrosen sollten möglichst wenig geschnitten werden.

Wer historische Rosen hat, sollte Augen und Auslichten vergessen und so schneiden, dass die Blüten in Nasenhöhe wachsen, und so, wie sie ins Beet passen. Also etwa in 1,20 bis 1,50 Meter Höhe, rundlich, gerade oder schräg. Das sieht jetzt eher struppig aus, ist später dafür umso schöner. Das tote Holz sollte allerdings auch hier ausgeschnitten werden.

Bei allem Respekt vor der Königin der Blumen: Alle Rosen kann man gut nach dem Standort und seinen Bedürfnissen schneiden. Zum Beispiel die Kletterrose, die eine Hauswand begrünen soll, oder die Strauchrose, deren Blüten im Sommer von der großen Buchskugel gestützt werden. Alle Arten von Ramblerrosen sollten möglichst nicht geschnitten werden, aber auch hier können störende Ranken entfernt werden. Rosen nehmen kaum etwas übel.

SCHREDDER UND MULCH Ist der Garten frisch beschnitten und geordnet, sind Berge von Stauden-, Strauch- und Baumschnitt entstanden. Ein kluger Gärtner ärgert sich nicht darüber, sondern sieht das Material als willkommenen Rohstoff.

Da sind zuerst die Gräser. Der Schnitt ist, in den Staudenbeeten verteilt, eine hilfreiche Decke, die Feuchtigkeit hält, das Unkraut am Wachsen hindert und den Boden düngt. Wer einen Staudenschredder hat, kann auch den zerkleinerten Staudenschnitt gut auf dem Beet verteilen. Wer keinen hat, schneidet die Stängel in handliche Stücke und verstreut sie auf dem Beet. Der Schredder, der beim Zerkleinern des Strauch- und Baumschnitt anfällt, kann ebenfalls im Vorfrühling aufs Beet gebracht werden, am besten mit Gräser- und Staudenschnitt vermischt. Der Boden sollte gut bedeckt

Die Benjeshecke im Hintergrund wird von Kopfweiden und regelmäßig dazwischengesetzten Pfählen gestützt. Sie sorgt nicht nur für eine schöne Optik, sondern schützt den Garten auch vor Wildverbiss.

sein, die Deckschicht sollte nicht höher als zwei bis fünf Zentimeter sein. Die Reste wandern auf den Kompost, die überschüssigen Äste können für den sommerlichen Feuerkorb zerkleinert und trocken gelagert werden oder Platz in der Benjeshecke finden.

Wer seine Beete im Vorfrühling so versorgt, rechtzeitig vor dem Erscheinen der Frühlingsblüher wie Krokusse, Narzissen und Tulpen, sorgt für einen günstigen Start und ein gutes Mikroklima für seine Pflanzen, bis sie das Beet mit ihrem neu austreibenden Laub bedecken. Gemüsebeete dagegen sollten Sie erst dann mulchen, wenn die Erde schon von der Sonne erwärmt ist und die erste Schneckeninvasion beherzt besiegt wurde, also im späten Frühjahr.

Vielen ist diese natürliche Art des Mulchens zu unordentlich. Wer seinem Garten zu jeder Jahreszeit ein perfektes Aussehen verschaffen möchte, greift gern auf Rindenmulch zurück. Der hat den Ruf, Unkraut zu unterdrücken, dem Garten ein schickes, monochromes Aussehen zu geben und die Gartenarbeit auf ein Minimum zu reduzieren. Der Gärtner dagegen legt seinen Garten so an, dass in ein paar Wochen kaum noch nackter Boden zu sehen ist. Hartnäckiges Unkraut wie Giersch, Quecke oder Löwenzahn wächst im Übrigen auch im Rindenmulch, im Gegensatz zu Rittersporn oder Phlox – die verhungern hier leicht. Frischer Rindenmulch entzieht dem Boden Nährstoffe. Gut abgelagerter Mulch, der Kahlstellen im Beet abdeckt oder ein neu angelegtes Beet ansehnlicher macht, kann hilfreich sein, wenn Stauden zusätzlich mit etwas Dünger versorgt werden. Er sollte am besten schon zu Rindenhumus geworden sein. Als bestimmendes Gestaltungselement im Garten, frisch und drei Zentimeter hoch verteilt, nimmt er dem Boden die Luft zum Atmen und ist eher langweilig.

BENJESHECKE Eine andere Möglichkeit, den Strauchschnitt sinnvoll zu verwenden, ist die Anlage einer Benjeshecke. Das empfiehlt sich für alle Gärtner, bei denen im Frühling Berge von Schnittgut anfallen.

Benannt ist diese Konstruktion nach Hermann Benjes, der sie in den 1980er-Jahren bekannt gemacht hat. Die Benjeshecke nimmt Strauchschnitt und kleineren Baumschnitt auf und bietet den Heckenbrütern unter den Vögeln, Igeln, Fröschen, Kröten und vielen Insekten Schutz und Nahrung. Ihr Prinzip erlaubt viele Gestaltungsmöglichkeiten und sie ist für lange Zeit das perfekte Depot für Strauch- und Baumschnitt.

Zur Vorbereitung werden etwa gleich starke und lange Äste (Durchmesser mindestens fünf Zentimeter, Länge etwa zwei Meter) in einer Reihe senkrecht in die Erde gesetzt. Der Abstand zwischen den Ästen beträgt einen halben bis einen Meter. Wer Weidenäste nimmt, kann damit rechnen, dass sie ausschlagen und so die Hecke begrünen. Wer keine Äste zur Verfügung hat, holt sich im Baumarkt entsprechende Pfahlhölzer.

In diesem von Buchs gerahmten Staudenbeet sind Salvia nemorosa und die weiße Spornblume Centranthus ruber 'Albus' zu sehen. Beide Pflanzenarten müssen nicht geteilt werden.

Eine zweite Reihe solcher Äste oder Pfähle mit gleichen Abständen wird gegenüber der ersten Reihe gesetzt. Die Breite des Zwischenraums – der späteren Hecke – richtet sich nach dem vorhandenen Platz. Als Faustregel gilt eine Breite von 70 bis 150 Zentimetern. Die Länge und Breite der Hecke kann dem Garten angepasst werden.

Der Raum zwischen den beiden Ast- oder Pfahlreihen wird nun mit kleineren und größeren Zweigen und Ästen gefüllt und etwas zusammen gedrückt. Immergrünes Schnittgut gar nicht oder nur in großen, luftigen Abständen einfüllen, es ist zu schwer und verhindert die Luftzirkulation. Im Lauf des Jahres kann immer wieder Strauchschnitt in die Hecke gefüllt werden. Mit der Zeit verrottet das zuunterst liegende Material zu Humus in guter Qualität und oben ist wieder Platz.

Gerät die Hecke aus der Form, können die gegenüber liegenden Äste am oberen Ende durch Seile oder Draht miteinander verbunden werden. Das Schnittgut muss dann darunter gesteckt werden.

Wer die Sichtseite der Hecke dekorativ gestalten will, kann sie mit Elementen aus Weide oder Astwerk verkleiden. Auch die günstigen Schwartenbretter aus dem Holzhandel eignen sich, wenn die Abstände zwischen ihnen genug Luft in die Hecke lassen. Die Hecke lässt sich auch sehr gut mit einem Sommerkleid aus Wicken, rankender Kapuzinerkresse (*Tropaeolum majus*) oder anderen einjährigen Kletterpflanzen versehen.

TEILEN VON STAUDEN Fotos können daran erinnern, dass es höchste Zeit ist, die eine oder andere Staude zu teilen. Stauden haben jeweils eine eigene Lebensdauer, in der sie üppig blühen. Danach verschwinden sie oder blühen nur noch wenig. Für die jeweilige Lebensdauer der Prachtstaude spielen Pflege, Standort und Boden eine Rolle: Auf leichten, sandigen Böden vergreisen die Pflanzen eher als auf schweren, lehmigen. Für Stauden im Steingarten übrigens gilt das nicht – sie vergreisen eher auf schweren Böden.

Da gibt es die, die nach zwei bis drei Jahren müde werden. Das sind zum Beispiel bei den Glockenblumen die *Campanula-persicifolia*-Sorten, weiße und bunte Margeriten, Federnelken (*Dianthus plumarius*), Korkadenblumen (*Gaillardia*), Heidenelken (*Dianthus deltoides*) und Spornblumen (*Centranthus*).

Länger halten es Blaukissen (*Aubrieta*), Mädchenauge (*Coreopsis grandiflora*), Brennende Liebe (*Lychnis chalcedonica*) und Teppichphlox (*Phlox subulata*) aus: Sie blühen drei bis vier Jahre lang üppig.

Vier bis fünf Jahre lang schaffen es zum Beispiel Herbstastern, Sonnenbraut (*Helenium*), Katzenminze (*Nepeta*) oder verschiedene *Sedum*-Arten unermüdlich zu blühen.

Wer die Lebensdauer seiner Pflanzen kennt, kann sie rechtzeitig verjüngen, also herausnehmen, teilen und in neue Erde pflanzen. Die Teile

Diese prachtvolle Wegbegrenzung aus Rittersporn wird regelmäßig beschnitten und geteilt, damit sie zwei Mal im Jahr ihre Blütenfülle zeigt.

sollten nicht größer als eine Männerfaust sein. Zum Verjüngen oder Teilen können zum Beispiel Schafgarbe (*Achillea millefolium*), Herbstastern, Rittersporn (*Delphinium*) und Margeriten mit Messer oder Spaten abgestochen werden. Andere können auseinandergezogen werden, zum Beispiel Eisenhut (*Aconitum*), Maiglöckchen (*Convallaria majalis*) oder Lampionblume (*Physalis alkekengi*). Akelei (*Aquilegia*), Küchenschelle (*Pulsatilla vulgaris*) und Kermesbeere (*Phytolacca*) haben pfahlartige Wurzeln, sie lassen sich nicht teilen und müssen sich selbst aussäen. Ein Sonderfall sind die prächtigen Bartiris, die nach drei Jahren total verjüngt werden wollen. Dazu werden die Rhizome im Hochsommer herausgenommen, geteilt und neu eingesetzt. Für jede Art des Verjüngens gilt: Die entstehenden Löcher mit guter Gartenerde oder Sand gemischt zur Hälfte mit Kompost auffüllen.

Wer seine Stauden teilt, hat Pflanzenteile übrig. Es entsteht ein Pflanzenangebot außerhalb des Kommerziellen, das von Hobby-Gärtnern geschätzt wird. Der eine ist froh, dass Überschüssiges nicht auf den Kompost muss, der andere freut sich über Pflanzen für den neu angelegten Garten, der dritte findet hier eine Rarität, die er bisher vergeblich gesucht hat.

PFLANZEN VON STRÄUCHERN UND GEHÖLZEN

Zum Sommergenuss im Garten gehört es, reife Stachelbeeren, rote Johannisbeeren oder die tiefblauen Heidelbeeren im Vorbeigehen zu pflücken und in den Mund zu stecken, ganz abgesehen von den ersten Äpfeln oder gar Pfirsichen. Wer das Naschen vom Beerenstrauch liebt und einen kleinen Garten hat, kann Johannis-, Stachel- oder Heidelbeeren in der Nähe der Terrasse anpflanzen.

Wer eine ordentliche Ernte zum Marmelade- oder Saftkochen haben möchte und genug Platz im Garten übrig hat, der begrenzt ein Gemüsebeet mit Beerensträuchern oder er legt eine Art essbarer Hecke mit Brom- oder Himbeeren an.

Der Vorfrühling ist eine gute Zeit, um Beerensträucher und Obstgehölze zu pflanzen, sobald der Boden frostfrei ist. Ein Vorteil gegenüber der Herbstpflanzung ist, dass die Wurzeln der frisch gesetzten Pflanzen keinen starken Frost mehr aushalten müssen. Ob Stachel- oder Johannisbeere, Himbeere oder Blaubeere – sie versprechen schon im Sommer die erste Ernte, wenn sie jetzt an einen geschützten, sonnigen Platz gesetzt werden.

Für Sträucher oder Bäume, egal, ob sie wurzelnackt oder in Ballen gepflanzt werden, muss der Boden gründlich gelockert und mit Kompost oder organischem Dünger verbessert werden. Wird Kompost verwandt, wird eine Schicht von zwei bis drei Zentimetern eingearbeitet. Die Pflanzgrube sollte etwa doppelt so breit und so tief sein wie das Wurzelwerk oder der Ballen. Abgebrochene und verletzte Wurzeln werden abgeschnitten. Heidelbeeren brauchen sauren Boden, also Torf mit einmischen. Sind die

In diesem gemischten Beet mit Sträuchern, Stauden, Gemüse und Johannisbeerenstrauch haben die Pflanzen sehr unterschiedliche Düngeransprüche.

Beerensträucher eingepflanzt, werden die Zweige eingekürzt, damit sie ohne Ballast neu austreiben können. Wer Obstbäume setzen will, sollte darauf achten, welche Bedingungen sein Favorit braucht und wie hoch und raumgreifend er wird. Über die klimatischen Voraussetzungen für die Gehölze und die Bedingungen am jeweiligen Wohnort informieren die örtlichen NABU-Gruppen, biologischen Stationen und Umweltzentren ebenso wie die regionalen Baumschulen. Auch Obstbäume brauchen einen bis zu 60 Zentimeter tief gelockerten Boden. Ist der Boden zu sehr verdichtet, gibt es Staunässe bei starken Regenfällen und Wassermangel in Trockenperioden – beides ist Gift für Obstgehölze. Das Pflanzloch muss so ausgehoben sein, dass sich die Wurzeln gut darin ausbreiten können. Bei schweren Böden empfiehlt es sich, unten ins Pflanzloch Sand oder Kies zu geben, das sorgt für Wasserdurchlässigkeit. Dann wird der gut gewässerte Wurzelballen mit einem Stützpfahl eingesetzt, die Grube wird mit Erde aufgefüllt und festgetreten. Zum Schluss versorgt eine etwa zwei Zentimeter dicke Schicht aus Kompost, gut eingearbeitet, die Pflanze mit Nährstoffen.

Nadelgehölze werden erst später im Vollfrühling gepflanzt, frühestens ab Mitte März. Sie brauchen die gleichen Bedingungen wie Obstgehölze. Das Pflanzloch wird doppelt so breit und tief wie der Wurzelballen ausgehoben. Auch hier bei schweren Böden eine Dränageschicht aus Sand oder Kies einfüllen. Hochwachsende Arten werden in den ersten Jahren durch einen schräg stehenden Pfahl gegen die Hauptwindrichtung gestützt. Alle Neupflanzungen sollten in den ersten Wochen nach der Pflanzung gut mit Wasser versorgt werden.

DÜNGEN Der Frühling mit seinem beginnendem Wachstum und den vielen zarten Anfängen weckt den Fürsorgetrieb des Hobby-Gärtners. Er möchte das Wachstum unterstützen, beschleunigen, optimieren und verfällt dabei gern in eine Düngeorgie. Spezialdünger für jede mögliche Pflanzenart, Blaukorn, Hornspäne, Volldünger, Kompost – alles, was irgendwie nähren kann, muss rauf aufs Beet! Wer diesem Impuls nachgibt, hat schnell ein mit bunten Kartons überfülltes Gartenhäuschen und Pflanzen, die ins Kraut schießen, wo sie es nicht sollen, oder verkümmern, weil sie die Dröhnung nicht vertragen.

Deshalb hier ein kleiner Überblick über Gartenerde und Dünger. Der normale Gartenboden ist mit den nötigen Mineralstoffen ausgestattet. Wer einen neuen Garten anlegt, dem ist ein Bodenanalyse zu empfehlen, ehe er zu den bunten Kartons greift. Er weiß dann genau, was und wie viel er seinen Pflanzen „zufüttern" muss. Eine solche Analyse macht zum Beispiel die Landwirtschaftskammer in der Region.

Die wichtigsten Düngerbestandteile sind Stickstoff (N), Phosphor (P), Kalium (K) und Magnesium (M), dazu kommen noch Spurenelemente.

Stickstoff (N) fördert das Wachstum der Pflanzen. Er wird bei einer Bodenanalyse nicht bestimmt, weil der Gehalt im Boden ständig wechselt. Stickstoff wird in zwei Formen verwendet: Anorganischer oder mineralischer Stickstoff, wie er zum Beispiel in Kalkammonsalpeter oder im Volldünger Blaukorn vorkommt, ist leicht löslich und schnell verfügbar. Der Überschuss geht als wasserlöslicher Nitratstickstoff ins Grundwasser – ein eher bedenklicher Prozess. Stickstoff, der an organische Substanzen wie Hornspäne oder Kompost gebunden ist, wird langsamer an den Boden abgegeben. Die im Kompost gebundene Menge Stickstoff allerdings ist sehr unterschiedlich, sie variiert von 0,4 bis 1,6 Prozent und ist davon abhängig, wie viel frisches Grün kompostiert wurde.

Wer seine Pflanzen mit zu viel Stickstoff düngt, dem schießen sie ins Kraut. Die Pflanzen werden anfälliger für Krankheiten, der Blüten- und Fruchtansatz von Gemüse und Obst verringert sich. Das Gemüse enthält viel Wasser, das beeinträchtigt den Geschmack.

Phosphor (P) findet sich bei normalen Böden in einer Menge von 9 bis 12 mg auf 100 ml Boden. Länger bearbeitete Gartenböden haben in der Regel einen erhöhten Phosphorgehalt, sind also überdüngt. Wer mit zu viel Phosphor düngt, erzeugt einen Mangel an nötigen Spurenelementen. Der Phosphorgehalt wird mit Mulchen oder Kompost im Gleichgewicht gehalten, zusätzliche Gaben sind nicht nötig.

Kalium (K) Im optimalen Gartenboden findet sich ein Kaliumgehalt von 9 bis 12 mg auf 100 ml sandigem Boden bzw. 17 bis 25 mg auf 100 ml lehmigem Boden. Schon bei geringer Überdüngung mit Kalium kann Obst und Gemüse kein Magnesium und Calcium mehr aufnehmen. Es wird wässrig und enthält weniger Kohlenhydrate.

Magnesium (M) kommt in normalen Böden in einer Menge von 3 bis 6 mg pro 100 ml Boden vor. Ist zuviel Magnesium im Boden, können die Pflanzen kein Calcium mehr aufnehmen.

WAS BRAUCHT MEIN GARTEN? Neben der empfohlenen Bodenanalyse hier ein paar Faustregeln, die sich bewährt haben. Gartenböden, die länger bearbeitet wurden, enthalten durch jahrelange, intensive Düngung in mehr als 70 Prozent der Fälle zu viel Phosphor, zu über 50 Prozent zu viel Kalium und in über 80 Prozent zu viel Magnesium. Deshalb muss hier nur der immer wieder ausgewaschene Stickstoff ersetzt werden. Das kann mit etwa 50 bis 120 Gramm Hornspänen oder Hornmehl pro Quadratmeter oder mit einem anorganischen, reinen Stickstoffdünger wie Kalkammonsalpeter in einer Menge von 25 bis 50 Gramm pro Quadratmeter geschehen. Die im Handel erhältlichen organischen Volldünger sind in einem festen Nährstoffverhältnis (NPK) für den normalen Boden gemischt.

Wer seinen Kompost verwendet, ist gut dran. Er wird auf den Beeten ständig ab- und umgebaut, die Nährstoffe werden auf diese Weise freigesetzt. Kompost muss deshalb jährlich ersetzt werden. Für die Schwachzehrer unter den Pflanzen (s. u.) werden im Frühling etwa 2 bis 4 Liter auf dem Quadratmeter Boden verteilt, für die Starkzehrer etwa 8 Liter. Das sind etwa 2 bis 4 bzw. 8 Millimeter Kompost auf dem Beet. In vielen Publikationen werden diese Angaben in Zentimetern empfohlen, das ist aber ein Düngerüberschuss, der dem Garten und der Umwelt nicht gut tut.

Wer Kompost verwendet, um Löcher im Boden aufzufüllen oder die Pflanzkübel zu füllen, sollte ihn nie ungemischt verwenden. Kompost ist Dünger und er sollte mit einem Teil Gartenerde und einem Teil Sand, Rindenhumus oder Torf vermischt verwendet werden. Der Kompostanteil an diesen Mischungen darf 50 Prozent nicht überschreiten.

Wer keinen eigenen Kompost hat, kann im nächsten Kompostwerk welchen bekommen. Am besten genau hinsehen und nachfragen: Manchmal wird Kompost als „Mutterboden" verkauft, das ist durchaus nicht das Gleiche.

WER BRAUCHT WAS? Dem bebauten Gartenboden werden ständig Nährstoffe entzogen: Durch Auswaschen, wenn es regnet und die Stoffe ins Grundwasser gelangen, und durch die Ernte des angebauten Gemüses. Diese Nährstoffe müssen wieder zugeführt werden; durch Kompost, organischen Dünger oder anorganischen Dünger. Schwach zehrende Gemüsearten benötigen bis 4 Gramm Stickstoff pro Quadratmeter, stark zehrende 5 bis 15 Gramm. Wenn zum Beispiel im Staudenbeet oder im Gemüsebeet das anfallende Schnittgut und die Wildkräuter, die sich nicht versamen, kompostiert werden, kommt es zu keinem Verlust an Phosphor, Kalium und Spurenelementen. Dann reicht eine geringe Stickstoffzugabe als Ersatz für das Ausgewaschene.

Die Pflanzen im Garten haben sehr unterschiedliche Bedürfnisse. Zu den Schwachzehrern, also Sorten, die wenig brauchen, gehören Bohnen, Erbsen, Möhren, Zwiebeln, Feld- und Kopfsalat, Endivie, Petersilie, Radieschen. Frühjahrsblüher und die meisten Stauden gehören ebenfalls dazu.

Mittelzehrer sind Chinakohl, Gurken, Grünkohl, Kartoffeln, Kohlrabi, Mangold, Porree, Rettich, Spinat, Rote Bete und einjährige Sommerblumen.

Starkzehrer sind Blumenkohl, Brokkoli, Kürbis, Rosenkohl, Rotkohl, Sellerie, Weißkohl, Wirsing, Tomaten, Zucchini, Rhabarber und Prachtstauden wie Rittersporn und Phlox.

Obstbäume brauchen nicht mehr als 2 Millimeter Kompost pro Quadratmeter und Jahr. Auch Obstwiesen sind nach Analysen in der Regel überdüngt.

Wer gern rechnet und ausprobiert, nimmt die im Gartenhäuschen vorhandenen Dünger und Blumenerden und errechnet den Düngergehalt und die empfohlene Düngergabe. Sehr spannend und sehr verwirrend.

Bei allen Empfehlungen, Ratschlägen, Tipps ist es für den Gärtner wichtig, sich auf die eigene Beobachtung zu verlassen. Wer genau hinsieht, hat den wichtigsten roten Faden für seinen Garten. Notieren Sie sich, wie sich eine Pflanze entwickelt und wo eine andere sich verabschiedet, probieren Sie aus, was möglich ist: In seinem Garten sollte jeder sein eigener Forscher sein.

RASENPFLEGE IM FRÜHLING Der Traum vom englischen Rasen ist nicht überall ohne weiteres zu verwirklichen. Wir können zwar englischen Rasensamen, nicht aber englische Klimaverhältnisse importieren. Wer einen Rasen anlegt, um wenig Pflegeaufwand in seinem Garten zu haben, ist nach dem ersten Sommer eines Besseren belehrt – perfekter Rasen ist pflegeaufwendiger als ein Staudenbeet. Abgesehen von der Jagd nach Unkräutern und Moos, von der Beschäftigung mit Vertikutieren, Ausharken, Ausbessern und Düngen muss er mindestens alle fünf Tage geschnitten werden.

Wer außer kurzgeschnittenem Gras gern noch anderes in seinem Garten hat, freut sich an den grünen Wiesenraseninseln mit Gänseblümchen und Kräutern. Sie brauchen im Frühjahr etwas Kompost, im Herbst Langzeitdünger und regelmäßigen Schnitt, bei Nässe öfter, bei Trockenheit entsprechend weniger.

Zur Zeit der Apfelblüte im Vollfrühling ist die beste Gelegenheit, den Rasen dort auszubessern und nachzusäen, wo Maulwurfshügel entfernt wurden oder kahle Trittstellen entstanden sind. Dafür gibt es speziellen Rasensamen im Handel.

Wer ein paar Wochen im Frühling bis zum Beginn des Sommers mit einem Stück wilder Wiese leben kann, dem sei für einen Teil seines Rasens die Anlage einer Zwiebelblumenwiese empfohlen. Hier kann sich vom Schneeglöckchen (*Galanthus nivalis*) bis zur Schachbrettblume (*Fritillaria meleagris*) von Februar bis Mai allerhand tummeln. Diese Wiese muss allerdings bis Juni ausreifen, damit sie im nächsten Jahr wieder blüht. Es lassen sich bis dahin aber kleine Wege hineinmähen, zum Beispiel zu einem Liegestuhl mittendrin.

DAS ENTHÄLT NORMALER, OPTIMALER GARTENBODEN

DÜNGER pro 100 ml	PHOSPHOR	KALIUM, sandiger Boden	KALIUM, lehmiger Boden	MAGNESIUM
optimaler Gartenboden	9–12 mg	9–12 mg	17–25 mg	3–6 mg

ÜBERSICHT ORGANISCHE DÜNGER, INHALTSSTOFFE

DÜNGER auf 100 g	N STICKSTOFF	P PHOSPHOR	K KALIUM	DÜNGEEMPFEHLUNG
Kompost (Mittelwert, jeder Gartenkompost hat eine eigene Zusammensetzung)	1.600 mg	310 mg	600 mg	2–8 l/m²
Rinderdung, getrocknet	3.000 mg	2.000 mg	3.000 mg	120–150 g/m²
Mischung aus Horn- und Knochenmehl	6.000 mg	8.000 mg	2.000 mg	60–80 g/m²
Hornspäne, Hornmehl	14.000 mg			40–80 g/m²

EXTRAS UND TIPPS
SAATEN, KULTUREN, MISCHUNGEN – WAS ERGÄNZT SICH, WAS BEHINDERT SICH

Radieschen und Tomaten, Salat und Bohnen, Kohl und Kürbis und zwischendrin ganz viele Blumen – der Traum vom üppigen Sommergarten ist der von gesundem Gemüse, schädlingsfreien Früchten und prächtigen Sommerblumen ohne jeden Befall. Jeder, der es probiert hat, weiß: so selbstverständlich ist das nicht. Es gehört gute Planung dazu, den Pflanzen den besten Start und gute Bedingungen zu verschaffen. Schließlich sollen sie ohne Krankheiten, Schädlinge oder die chemischen Mittel dagegen auf unseren Tisch kommen. Wer Gemüse ernten will, für den sind ein paar Grundsätze wichtig. Wer sie beachtet, spart Arbeit und Enttäuschungen.

Zum einen ist da das Saatgut. Es ist wichtig, auf gute Qualität zu achten, sonst sind die Schnäppchenangebote am Ende eher enttäuschend und teuer. Bevor das Samentütchen in den Einkaufskorb kommt, unbedingt auf das Verfallsdatum des Saatguts achten – manches keimt nur im Folgejahr der Ernte gut. Auch wenn das schöne Wetter früh lockt, sollten unbedingt die Aussaatempfehlungen beachtet werden. Wer zu früh oder zu spät sät, dem verkümmern die Pflänzchen oder sie entwickeln sich viel zu spät im Jahr. Das Gleiche gilt für die Saat- und Pflanzabstände, die auf den Packungen angegeben sind. Wer sich nicht daran hält, riskiert eine schlechte Ernte, kümmernde Blumenpflänzchen oder Krankheiten.

Bei Gemüse auf die Sortenvielfalt achten: Wer zum Beispiel Möhren oder Erbsen säen will, sollte genau hinsehen. Es gibt verschiedene Sorten eines Gemüses mit unterschiedlichen Reifezeiten und Geschmacksrichtungen. Auch wer nur wenig Gemüse in seinen Garten pflanzt oder nur einen kleinen Nutzgarten hat, sollte sich aufschreiben, wo was wächst. Das ist wichtig für die Fruchtfolge im nächsten Jahr.

SPEZIELL GEMÜSE **Mischkultur** Wer ein Gemüsebeet anlegt, wünscht sich eine möglichst große Vielfalt für Küche und Gaumen. Was dabei zur selben Zeit gut zusammen gesät oder gepflanzt werden kann oder was gar nicht zusammen passt, dafür gibt es eine Menge Tipps und Untersuchungen. Die guten und schlechten Nachbarn im Gemüsebeet gelten für den einen Garten, für den anderen eher nicht. Listen darüber sind zum Beispiel im Internet oder in Samenkatalogen zu finden. Wissenschaftlich haltbar sind sie allerdings nicht. Bewährt hat sich die alte Regel, Möhren zu Zwiebeln zu pflanzen, weil die Schädlinge der einen Pflanze die andere nicht mag. Ansonsten: Am besten eine Liste machen, was geerntet werden soll, und ausprobieren.

Fruchtfolge Manche Pflanzen wachsen einfach nicht, wenn man sie immer wieder an dieselbe Stelle sät oder pflanzt. Dazu gehören Möhren, Dill, Sellerie, Kohl, Kohlrabi, Gurke, Kürbis, Zucchini, Erbsen, Zwiebeln. Die genauen Ursachen dafür sind – außer Krankheiten – nicht bekannt. Es wird angenommen, dass ein Mangel an Nährstoffen und Spurenelementen

Ob Lavendel oder Beinwell, Rhabarber und Spalierobst: Im Gemüsegarten können eine Menge Wünsche verwirklicht werden und heranwachsen, wenn sich der Gärtner an die Regeln hält.

Dieser Gemüsegarten wird von Lupinen, Rittersporn und anderen Stauden strukturiert und geschmückt. Bei Kindern im Garten sollte auf den schön blühenden, aber giftigen Fingerhut im Gemüsebeet verzichtet werden.

oder sogenannte Hemmstoffe der Grund dafür sind. In den Zeiten, als noch mit Mist gedüngt wurde, galt die Fruchtfolge: Im ersten Jahr Starkzehrer, im zweiten Mittelzehrer und im dritten Schwachzehrer. Heute können die Starkzehrer gezielt mit Kompost (etwa acht Liter auf den Quadratmeter) oder Dünger versorgt werden.

Kulturfolge Ein klassisches Gemüsebeet ist selten leer, nach der Ernte der einen Sorte wächst schon die nächste am selben Ort heran. Beispiele, wie unterschiedliche Kulturen sich gut ablösen können: Für die Kultur im Frühjahr eignen sich Radieschen, Salat, Spinat, frühe Möhren und Frühkohl. Wenn sie geerntet sind, folgt die Hauptkultur ab zweiter Maihälfte mit Buschbohnen, Tomaten, Gurken. Sind diese Gemüse geerntet, folgt die Nachkultur mit Feldsalat, Spinat, Endivie.

Eine gute Möglichkeit ist, schnellwüchsige Gemüse kurz vor dem Gemüse der Hauptkultur zu säen oder zu pflanzen, beispielsweise Radieschen vor den Möhren, Salat vor Erbsen oder Bohnen, Kopfsalat vor Porree.

MISCHPFLANZUNGEN **Blumen im Gemüsebeet** Blumen im Gemüsebeet sind eine Augenweide – egal, ob sie in eigenen Reihen oder Beeten zwischen die Gemüsereihen gepflanzt werden oder ob sie die Beete umranden. Als Zwischenpflanzung eignen sich alle Sommerblumen wie Becher- oder Trichtermalven, Levkojen, Jungfer im Grünen, Kosmeen, Seidenmohn, Ringelblume, Zinnie, Dahlien und Astern. Besonders schön ist, eine Sorte jeweils als Begrenzung zwischen die geraden Reihen der verschiedenen Gemüse zu setzen. Für eine Beetumrahmung sind besonders Tagetes, Kapuzinerkresse oder niedrige Kosmeen geeignet. Im Übrigen ist vieles von dieser Blütenpracht auch gut essbar. Augen- wie auch Gaumenschmaus sind Veilchen, Ringelblumen, Kapuzinerkresse, Fetthenne, Borretsch, Kornblumen oder Nelken.

Wer die rechteckige, formale Anordnung im Gemüsebeet nicht mag, kann das Ganze auch unregelmäßig und geschwungen anlegen. Ein solcher Garten wirkt dadurch nicht so zweckmäßig und streng, sondern eher natürlich und romantisch.

Gemüse im Staudenbeet Wer vor allem Stauden und Blumen in seinen Beeten haben möchte, aber trotzdem auf den essbaren Aspekt des Gartens nicht verzichten möchte, hat eine Menge Möglichkeiten.

Da sind zum einen Kräuter, die nicht nur die Küche bereichern, sondern auch schön anzusehen sind. Wer ein sonniges, eher nährstoffarmes Staudenbeet hat, der kann gut und schön den graulaubigen Salbei, Thymian in vielen Sorten und Farben, Oregano oder Ysop darin integrieren.

Als Zwischenpflanzungen für ein Staudenbeet eignen sich vor allem Gemüsepflanzen mit langer Wachstumszeit. Dazu gehören Rotkohl, Grünkohl mit roten Blättern, Toskanischer Palmkohl oder Winterporree. Auch

Blutweiderich und Kosmeen in ihrer Pracht weisen den Weg zum Kürbis, der an einem attraktiven Holzgestell rankt und fruchtet.

Pflücksalat oder Mangold eignen sich gut, hier werden immer nur die äußeren Blätter geerntet und es entstehen keine ungeliebten Beetlücken nach der Ernte. Im übrigen kann man Gemüse auch der Schönheit wegen ins Staudenbeet setzen: Wer Salat „schießen" lässt, kann sich an den kleinen Blüten und dem säulenförmigen Wuchs erfreuen, das gefiederte Möhrenlaub lockert kompakte Pflanzungen im Staudenbeet auf und der Schnittlauch hat nicht nur attraktive und gut schmeckende Blätter, sondern auch noch wunderschöne Blüten. Der Nachteil dieser Mischpflanzungen ist, dass optimale Pflanzabstände und Fruchtwechsel oft nicht berücksichtigt werden können. Auch eine spezielle Pflege wie das Hacken im offenen Boden ist kaum möglich. Aber vielleicht tut es ja auch der kleine Kohlkopf oder zwei Hände voll Salat?

WIEDER- UND NEUENTDECKUNGEN, die Garten und Speiseplan bereichern. Auch im Garten gibt es so etwas wie Trends. So waren Dahlien und Mangold, Pastinaken und Stockrosen (*Alcea*), Schwarzwurzeln und Studentenblumen (*Tagetes*) längere Zeit eher selten in den Gärten zu finden. Inzwischen sind sie wieder gesellschaftsfähig und zeigen ihre Pracht auch in den Gärten, die zu den eher repräsentativen und weniger zu den nützlichen gehören. Das mag viele Gründe haben, eben auch den der wechselnden Moden. Ein guter Grund dafür, sich mit alten Sorten zu beschäftigen: Neben vielen interessanten Neuzüchtungen sind es gerade alte Sorten, die verlässlich blühen und Frucht tragen und die keine chemischen Hilfsmittel brauchen, um zu gedeihen. Nicht zuletzt wecken sie bei dem einen oder der anderen Erinnerungen: an Gärten der Kindheit, an die Beete der Großmütter, an die ersten Beerenfrüchte des Sommers.

WIEDERENTDECKUNGEN In den letzten Jahren sind eine Reihe von Sommerblumen wieder in den Gärten zu finden, die schon von unseren Großmüttern gezogen wurden. Ihre Farbenpracht und ihre Blütezeit ab Juli, wenn die Frühsommerblüher sich verabschiedet haben, sind wieder gefragt. Dazu gehören die Ringelblume *Calendula* wie die *Cosmea*, die Sommeraster (*Callistephus chinensis*) wie die Kapuzinerkresse (*Tropaeolum*), die Bechermalve (*Lavatera trimestris*) und die Levkoje (*Matthiola*), die Dahlie, die Sonnenblume (*Helianthus annuus*) und die Jungfer im Grünen (*Nigella damascena*). Sie alle gibt es inzwischen in vielen Formen, Farben und auch Neuzüchtungen im Samentütchen, sie lassen sich gut vorziehen und dann ins Beet setzen, wenn Lücken gefüllt oder Farben ergänzt werden sollen.

Zu den essbaren Wiederentdeckungen, die sich inzwischen einen Weg in viele Gärten gebahnt haben, gehört der **Mangold.** *Betula vulgaris* var. *vulgaris* war schon im Altertum bekannt, Griechen, Babylonier und Ägypter

Blühende Melde und Dill fühlen sich sichtlich wohl im prächtigen Dahlienbeet.

schätzten dieses Gemüse. Diese auch als Sommerspinat bekannte Pflanze ist mit der Rübe verwandt und hat weiße, rote oder gelbe Stiele und glatte oder gekrauste Blätter. Stiele und Blätter werden in der Küche verwertet, getrennt voneinander. Die weißen Mangoldstiele schmecken am besten, sind allerdings nicht so dekorativ wie die rot- oder gelbstieligen Arten. Die Blätter werden von unten nach oben geerntet, die eigentliche Pflanze bleibt im Boden und wächst den ganzen Sommer hindurch weiter.

Auf dem Vormarsch ist auch die **Gartenmelde.** Viele kennen die Melde als Unkraut, das zum Beispiel auf den Rübenfeldern seine Blütenrispen in die Höhe reckt, wenn keine Herbizide eingesetzt werden. Dass sie auch gut schmeckt, erfuhren zuerst die Schweine: Mit Brennnesseln und den ganz kleinen Kartoffeln wurde sie zu Schweinefutter verkocht. Auch die Brennnesseln und die kleinen Kartoffeln sind inzwischen als Leckerei von den Menschen entdeckt worden…

Die Gartenmelde (*Atriplex hortensis*) gibt es in hellgelben, grünen und roten Sorten. Die jungen Blätter können immer wieder geerntet und wie Spinat zubereitet werden.

Die **Pastinaken** haben nicht nur ihren Weg in unsere Küchen, sondern auch in die Gärten zurück gefunden. Pastinaken (*Pastinaca sativa*) gehören zu den ältesten Pflanzen, die von Menschen gegessen wurden. Bis ins 18. Jahrhundert war die schmackhafte Wurzel bei uns eines der wichtigsten Grundnahrungsmittel. Die Pflanze blüht weiß in Dolden, sie braucht sieben Monate, um auszureifen – ein Grund, warum sie von Karotten und Kartoffeln verdrängt wurde. Allerdings ist das Wintergemüse sehr robust und widerstandsfähig und braucht keine unterstützende Chemie – ein wichtiger Grund, warum es heute wieder bevorzugt wird.

Wer es mit diesem Gemüse probieren möchte, sollte darauf achten, dass der Samen frisch ist, sonst klappt es nicht mit der Ernte. Am besten Samen selbst abnehmen oder auf das Datum auf dem Samentütchen achten. Die schmackhaften Wurzeln der Pastinake können im Winter im Boden bleiben und jeweils frisch geerntet werden.

Nicht zuletzt wegen ihrer dekorativen Blüte hat die **Artischocke** (*Cynara cardunculus*, Syn. *Cynara scolymus*) den Weg in unsere Gärten gefunden. Wer die Knospen gern isst, hat einen Grund mehr, ihr einen Platz im Beet zu reservieren. Die Artischocke wird bis zu zwei Meter hoch, hat gezahntes Laub mit grauer Unterseite und distelähnliche Blütenstände, deren Böden und fleischigen Hüllblätter eine Delikatesse sind. Wer ein paar Blütenstände stehen lässt, bei dem leuchten prachtvolle blaue Blütenkörbe über dem Beet. Die Pflanze ist mehrjährig und bevorzugt sonnige, warme Plätze.

Wer eine Vorliebe für **Kartoffeln** hat, sollte es mal mit den wieder entdeckten alten Sorten versuchen: Die Bamberger Hörnchen, der Blaue

Sie gehören zu den Pflanzen, die schon von Großmüttern und Urgroßvätern gepflanzt und genutzt wurden: Die Stockrosen haben ihren Platz seit je in Bauerngärten, der Bärlauch wächst in schattigen Bereichen und bereichert den Speiseplan im Frühjahr.

Schwede, La Ratte, La Bonnotte und viele mehr zeigen, dass Kartoffeln durchaus nicht immer gleich schmecken müssen. Dazu kommen die vielen verschiedenen Farben der Sorten – von weiß über gelb, tiefblau und rötlich gibt es ein Angebot, das für überraschende Kartoffelsalate sorgen kann.

Wiederentdeckt wurden auch alte **Tomatensorten** (*Lycopersicon spec.*). Grüne, rote, gelbe bis schwarze Sorten gibt es inzwischen wieder auf dem Markt, runde, eiförmige, herzförmige, kirschgroße – und alle schmecken am besten, wenn sie im eigenen Garten angebaut werden. Ob 'kleines Ochsenherz', 'Green Zebra' oder 'Kremser Perle', der wunderbare Duft, der dem erntenden Gärtner in die Nase steigt, zeichnet sie alle aus. Die Vielfalt ist riesig, am besten mal im Internet nachsehen, was gut in den eigenen Garten passt.

Zu den Wiederentdeckungen gehören auch die **Wilde Rauke** (*Diplotaxis tenuifolia*), sie ist mehrjährig und ein Gewinn für jeden Salat. Die **Mairübe** (*Brassica rappa*) kann schon im Mai geerntet werden, nicht nur das Rübchen, auch die Blätter sind eine Bereicherung für den Speiseplan. Auch das **Stielmus** (*Brassica cernua*) wird im Frühjahr geerntet, ebenso wie der **Bärlauch** (*Allium ursinum*), bevor er seine wunderschönen weißen Blüten zeigt. Wer die **Steckrübe** zu schätzen weiß, hat in seinem Garten eine Gemüsereserve, die von September bis Mai aus dem Boden geholt werden kann.

ALTES MUSS NICHT VERGESSEN BLEIBEN Wer Lust auf ausgefallene Gemüsesorten hat, die schon vor langer Zeit angebaut wurden und inzwischen (fast) in Vergessenheit geraten sind, der könnte es mal auf einer kleinen Fläche ausprobieren.

Zum Beispiel mit **Erdbeerspinat** (*Chenopodium foliosum*), der eine Wuchshöhe von 15 bis 60 Zentimetern erreicht und dessen Blätter gezähnt sind. Das attraktive Blattgemüse mit seinen erdbeerartigen Fruchtständen ist ein Hingucker für Beet und Topf. Die jungen Blätter und Triebe werden wie Spinat zubereitet und auch die kleinen „Erdbeeren" sind essbar und gut als Tellerdekoration geeignet.

Wer kennt noch **Sau- oder Puffbohnen** (*Vicia faba*), die auch als Dicke Bohnen bekannt sind? Sie brauchen viel Sonne und frischen Boden und müssen geerntet werden, wenn die Bohnen noch klein und zart sind. Dann sind sie eine Delikatesse. Die Sorten 'Dreifach Weiße' und 'Hangdows Grünkerne' lassen sich in unseren Gärten gut anbauen.

Eine Herausforderung, die sich lohnt, sind die **Schwarzwurzeln** (*Scorzonera hispanica*). Das leckere Gemüse wird auch Spargel des Winters genannt und ist leicht anzubauen. Schwierig allerdings ist die Ernte, bei der die Stangen schnell abbrechen, und die Verarbeitung. Beim Schälen sondert die Schwarzwurzel einen klebrigen Milchsaft ab, der nur mit Öl von Händen und Geräten wieder zu entfernen ist. Aber es lohnt sich: Die

Ob Cosmea, Löwenmaul, Cleome und Grünkohl in perfekter Farbzusammenstellung oder Wurzelgemüse mit Dahlien: Kleine oder große Hingucker sind die Freuden des Gartenalltags.

Schwarzwurzel ist angenehm würzig und schmeckt leicht nach Nüssen und ihr Gesamtnährwert wird nur von Erbsen und Bohnen übertroffen.

Die **Winterheckzwiebel** (*Allium fistulosum*) ist eine mehrjährige Zwiebelpflanze, bei der die grünen Blätter besonders wohlschmeckend sind. Sie schmecken deutlich stärker als Zwiebeln oder Schnittlauch. Die Zwiebel selbst hat keinen so ausgeprägten Geschmack. Die Winterheckzwiebel wird bis zu einem Meter hoch und bildet weiße Blütenbälle.

Der **Neuseeländer Spinat** (*Tetragonia tetragonioides*) ist eigentlich gar kein Spinat. Die buschige Pflanze verzweigt sich bereitwillig, wenn sie entspitzt wird. Die Blätter sind hellgrün und fleischig und werden wie Spinat zubereitet. Der Neuseeländer Spinat lässt sich lange ernten, weil er nicht ausschießt. Die Pflanze liefert nicht nur schmackhaftes Gemüse, sie ist auch ein guter Bodendecker im Beet.

NEUES AUSPROBIEREN Es ist in allen Zeiten ausprobiert worden, Gemüsesorten gegen Krankheiten resistent zu machen, das Aussehen zu verbessern, ihr Pflanzenbild zu verschönern oder einfach nur die Vielfalt einer Sorte zu erweitern. Alle bekannten Gemüsesorten werden begleitet von ungezählten Neuzüchtungen. Wer sich dafür interessiert, sollte sich genau über die Bedingungen informieren und es einfach mal ausprobieren. Vielleicht entdeckt er auf diese Weise das absolute Lieblingsgemüse.

Nur ein paar Neuentdeckungen sollen hier vorgestellt werden: zum einen die **Möhre 'Purple Haze'**. Die südostasiatische „Urmöhre" ist außen tiefviolett und innen orangefarben. Für ihre ausgefallene Farbe sorgt der lila Pflanzenstoff Anthocyan, der auch in Johannisbeeren, Brombeeren, blauen Trauben oder Auberginen enthalten ist. Purple Haze hat bis zu 40 Prozent mehr Betakarotin (Vorstufe von Vitamin A) als die herkömmliche orangefarbene Karotte. Diese Möhre lässt sich genauso verwenden wie ihre orangefarbene Schwester, sieht allerdings wesentlich interessanter aus.

Neu auf dem Markt ist auch der **Grünkohl 'Redbor'**, dessen Blätter sich durch eine intensive Rotfärbung auszeichnen. Die Pflanzen werden bis zu 80 Zentimeter hoch und sind eine Attraktion auch im Blumenbeet. Die großen, palmenartig abstehenden Blätter sind gekraust und anfangs rötlich. Mit fallenden Temperaturen verändert sich die Farbe bis hin zu einem intensiven Rotviolett. Die Blätter können ganz normal als schmackhafter Grünkohl verarbeitet werden, beim Kochen verliert sich die rote Farbe.

Die **Asia-Salatsorte Pak Choi** ist eine schnellwüchsige und sowohl hitze- als auch kälteverträgliche Neuentdeckung, die im Sommer in 30 Tagen erntereif ist. Das fleischige, zarte Blattgemüse hat dunkelgrüne, blasige Blätter mit weißen Blattrippen. Es wird in Öl gedünstet oder wie Spinat zubereitet. Engverwandt mit Pak Choi ist die Sorte 'Tatsoi', die in attraktiven Rosetten wächst.

Wer im Sommer und Herbst Blüten und Früchte haben möchte, muss im Frühjahr vorsorgen: Diese Dahlien und blauhülsigen Buschbohnen hatten einen vorausdenkenden Frühjahrsgärtner.

Ein exotischer Neuzugang aus der Familie der Nachtschattengewächse ist die **Andenbeere** (*Physalis peruviana*). Als Deko auf einem Dessert hat sie wohl jeder einmal kennengelernt. Die Andenbeere kommt aus Südamerika und wird auch Kapstachelbeere genannt, wegen ihres süß-säuerlichen Geschmacks. Inzwischen ist sie auch in unseren Gärten zu finden, sie wird bis zu einem Meter hoch. Die Früchte können von Juli bis weit in den Winter frisch gepflückt werden – bei frostigen Temperaturen allerdings nur im geschützten Raum.

PRAKTISCHE FRÜHLINGSTIPPS Wie mache ich das jetzt genau mit den Erbsen? Habe ich nicht doch zu wenig Dünger ausgebracht? Wieso ist alles voller Springkraut? Vieles im Garten kann man lernen, einiges lässt sich von erfahrenen Gärtnern abgucken, das meiste muss einfach ausprobiert werden. Hier ein paar Tipps, die helfen sollen, lange Probierzeiten und allzu schlechte Erfahrungen zu vermeiden.

Anfang Wer probieren will, Gemüse anzubauen, aber noch keine Erfahrungen gesammelt hat, kann es mit diesen bewährten Arten probieren:
Pflück- und Schnittsalat, Kopfsalat, Kohlrabi, Mangold, Rettich, Radieschen, Möhren, Rote Bete, Pastinaken, Zucchini, Winterheckzwiebeln, Buschbohnen, Kartoffeln, Markerbsen.

Besonderheiten Für Gartenfreaks, die auch im Gemüsebeet das Besondere haben wollen, hier ein paar Sortentipps:
- Stangenbohne 'Blauhilde' mit blauen Schoten
- Buschbohne 'Flambo' oder 'Borlotto rosso' mit rot gesprenkelten Bohnen
- Buschbohne 'Purple King' oder 'Blueretta' mit blauen Schoten
- Rote Lauch- und Schlotenzwiebel 'Actic' oder 'Red Poga'
- Blaue Kartoffeln 'Blaue St. Galler' oder 'Vitelotte noire'
- Bunte Möhren 'Harlekin Mischung'
- Kapuzinererbse 'Blauschokker' (bis zwei Meter hoch rankend)
- Zucchini 'One Ball' mit kleinen runden gelben Früchten zum Füllen, nicht rankend, die Blüten eignen sich gut zum Frittieren

Blumenzwiebeln Auf den ersten Gartenausstellungen und -messen im Jahr werden oft noch die wunderbarsten Blumenzwiebelsorten angeboten. Wer hier das Schätzchen findet, nach dem er schon lange gesucht hat, kann ruhig zugreifen. Auch jetzt können Blumenzwiebeln ins Beet gesetzt werden, wenn sie fest und saftig sind. Ausgetrocknete, weiche Ware sollte man unbedingt liegen lassen!

Dahlien, die eigentlich erst mit den Kartoffeln in die Erde gebracht werden sollten, können frostgeschützt und an einem hellen Ort gut vorgetrieben werden. Werden die Knollen etwa Ende März in Plastiktüten mit einfacher Blumenerde gesetzt und feucht gehalten, brauchen sie nicht so lange

bis zur Blüte, sind weniger anfällig für Schneckenfraß und können dann ins Beet eingepflanzt werden, wenn Lücken erkennbar werden. Die Tüten bis auf ein Drittel herunterkrempeln, damit Schimmelpilze keine Chance haben!

Dünger Wer mit den bunten Schachteln und ihren Dosierungsanweisungen kämpft, die nicht selten einiges an mathematischem Verständnis verlangen, gibt nicht selten auf und verteilt den Dünger mehr oder weniger großzügig unter seinen Lieblingen, hände- oder schaufelweise. Und hat dann ein schlechtes Gewissen: War das zu wenig? War es zuviel? Wer nicht jedes Mal wieder vor diesem Dilemma stehen will, sollte einfach mal die kleine Küchenwaage mit ins Gartenhaus nehmen. Dann die Düngeanweisung durchlesen und die Menge zum Beispiel für einen Quadratmeter Boden abwiegen. Meistens ist das sehr viel weniger als vermutet. Diese Übung vermittelt ein gutes Gefühl für nötige Düngermengen.

Erste Ernte Für eine frühe Ernte unter gelochter Folie oder Vlies eignen sich zum Beispiel diese Gemüse: Früher Kopf- oder Pflücksalat, Radieschen, frühe Kartoffeln z. B. Annabelle, Mairübchen, frühe Möhren z. B. Nantaise 2/frühbunt, Kohlrabi Trero oder Kohyro.

Frühjahrsputz Wer einen sonnigen, warmen Nachmittag im Vorfrühling dazu nutzt, die Gartenmöbel zu reinigen, hat anschließend das gute Gefühl, dass jetzt die Gartensaison begonnen hat. Am besten mit einer Tasse Tee am frisch geschrubbten Tisch feiern.

Wer ein Frühbeet oder Gewächshaus hat, sorgt mit Fensterputzen im Vorfrühling für Licht und Wärme.

Jetzt ist Zeit, Laub, Erdreste und Moos von den befestigten Wegen entfernen, zur Trittsicherheit und zum Schutz der Gehwegplatten. Auf unbefestigten Wegen und in den Beeten erste Samenkräuter wie Vogelmiere, behaartes oder Gartenschaumkraut (*Cardamine hirsuta*), im Volksmund auch Springkraut genannt, und einjähriges Rispengras (*Poa annua*) entfernen, sie blühen und fruchten auch im Winter und bei niedrigen Temperaturen. Jetzt lassen sie sich leicht herausziehen und eine spätere Unkrautplage wird eingedämmt.

Regentonnen, Fallrohre und Regenrinnen kontrollieren: Laubablagerungen verhindern den Abfluss.

Spaliere und Rankhilfen kontrollieren, von abgestorbenen Pflanzenteilen befreien, eventuell ausbessern, bevor die neue Pracht emporrankt.

Hartschalige Samen, zum Beispiel von Erbsen, Erdbeerspinat oder Bohnen, oder die Samen von Doldenblütlern wie Möhren, Pastinaken und Petersilie liegen lange im Boden, bevor sie aufgehen. Wer sie mit nassem Sand mischt, in einen Plastikbeutel füllt und zwei Tage lang im warmen Zimmer vorquellen lässt, verkürzt diese Zeit. Danach sofort aussäen (ab März).

Kompost Den im Herbst aufgesetzten Kompost jetzt umschichten.

Salat Nicht zu viel Salat auf einmal aussäen – nur so viel, wie auch gegessen wird. Dafür alle zwei bis drei Wochen nachsäen, frühe Sorten im Frühling und Herbst, im Sommer späte Sorten. Salatpflanzen nicht zu tief in die Erde setzen, der Wurzelhals muss frei liegen.

Wellness bietet der eigene Garten in Hülle in Fülle, vorausgesetzt, Gärtner und Gärtnerin gestatten sich kleine oder ausgedehnte Augenblicke des Sehens, Riechens, Hörens und Faulenzens.

DAS IST DER SOMMER

Alle träumen vom Sommer. Von blühenden Rosen und von Rasen, grün und geschoren. Von Sonne, Räkeln im Liegestuhl, Grillen mit Freunden. Von ersten Beeren und prächtigen Salatköpfen. Aber wann ist eigentlich Sommer?

Heinrich Heine hat behauptet, unser Sommer sei nur ein grün angestrichener Winter. Andere haben das optimale Sommergefühl im Mai, besonders, wenn es früh sehr warm wird und die Blütenpracht schier explodiert. Abgesehen vom subjektiven Sommerfeeling: Der Sommer beginnt im Juni. Der meteorologische Sommer am 1., der astronomische am 21. Juni, wenn der Tag lang ist und die kurze Nacht durch Johannisfeuer erhellt wird. Für Meteorologen und Astronomen dauert der Sommer dann drei Monate. Danach ist Herbst.

Der Sommer für Gärtner lässt sich nicht so genau auf ein Datum festlegen. Der phänologische Sommer unterteilt seine Monate in drei Phasen. Er verlässt sich auf sogenannte Zeigerpflanzen, die sicher den Beginn von Früh-, Hoch und Spätsommer anzeigen. Der Frühsommer ist da, wenn Holunderbüsche und Mohn blühen und wenn in den Gärten die Rosenblüte beginnt. Der Frühsommer duftet, dass es eine Art hat, nach Rosen und Jasmin, Getreide und Lilien. Gräser, Weißdorn und Wald-Geißbart schicken ihre eigenen Duftkompositionen in die Sommerluft. Der Frühsommer ist ein Fest für die Nase – vorausgesetzt, sie gehört keinem Allergiker.

Der Hochsommer beginnt, wenn die Linden blühen. Jetzt beginnt die heiße Zeit des Jahres, wenn nicht gerade ein Tiefdruckgebiet mit Dauerregen über uns hinweg zieht. Im klassischen Hochsommer wird das geschorene Gras braun, wenn es nicht gewässert wird, und die Johannisbeeren werden reif und verströmen ihren eigenartigen Duft. Die Rosen haben ihre erste üppige Blüte hinter sich und auf den Feldern werden Raps und Gerste geschnitten.

Die ersten Blüten des Heidekrauts und der Herbstanemone zeigen den Beginn des Spätsommers. Die ersten Äpfel, Felsenbirne und frühe Zwetschgen werden geerntet. Das Getreide ist geschnitten und auf den Wiesen duftet es nach der zweiten Heuernte, dem Grummet.

Der Sommer ist eine Herausforderung für die Sinne des Gärtners. Geruch und Geschmack sind angesprochen, für Gespür und Gehör gibt es eine Menge zu tun und natürlich ist das Auge gefragt. Hat der Gärtner im Frühling noch manches Mal geächzt und überlegt, ob seine Bemühungen je zum Ziel führen – jetzt ist es soweit.

Hier ist der Sommer greifbar: Diese Bank aus Weidengeflecht in Sommerwiese lädt ein, sich niederzulassen, zu schauen und zu schnuppern.

ZEIT FÜR DÜFTE
BLATT UND BLÜTE FÜR NASE UND SEELE

Das Höchste der Gefühle ist ein Liegestuhl in der Sonne, in der Nähe des alten Rosenstrauchs. Wer sich die Zeit nimmt, hier ein paar Minuten oder länger auszuruhen, der weiß, was Düfte bewirken. Sein Geruchssinn wird ihn entführen und verführen, in den Garten der Kindheit, zu purem Wohlgefühl, zu freundlichen Gedanken, zu guten Einfällen, zum Träumen. Düfte gehen ohne Umwege direkt ins Gehirn. Obwohl der menschliche Geruchssinn im Lauf der Evolution verkümmert ist, bleibt er der wichtigste und direkteste Zugang zu unseren Erinnerungen und zu den Emotionen, die damit verknüpft sind. Das gilt nicht nur für schöne Gerüche. Wir kennen viele Redewendungen, die den Stellenwert des Riechens anzeigen: Lunte riechen, für etwas einen Riecher haben oder jemanden nicht riechen können – die Beispiele zeigen, dass wir unserer Nase viel zutrauen, über die konkrete Identifizierung eines Geruchs hinaus.

Manchmal ist die Verknüpfung von Duft und Erinnerung überraschend und verblüffend. Wer den Goldlack seiner Kindheit vergessen hatte und der Pflanze unvermutet in einem Frühsommergarten begegnet, der kann durchaus von Emotionen überfallen werden: Mit dem Duft kommt die Erinnerung an die freundliche Zugewandtheit der Großmutter zurück. Genauso kann es sein, dass jemand vor dem Duft einer Blume flüchtet, weil die schmerzhafte Erinnerung an ein Begräbnis aufsteigt. Was gut riecht oder gar nicht gut, dass lässt sich objektiv nicht klären, weil jedes einzelne Gehirn da seine eigene Ordnung hat. Abgesehen von den Düften, die negativ „besetzt" sind, bietet uns der Garten ein ganzes Feuerwerk von Gerüchen, die entdeckt werden wollen und die uns gut tun. Neben Rosen und Wicken, Nelken und Phlox, Levkojen und Nachtviolen sind es vor allem die Kräuter, die unsere Nasen verzaubern. Wenn wir unsere Gerichte mit Kräutern würzen, sorgen Duft und Geschmack für das kleine Extra, das eine Speise zu etwas Besonderem macht.

Die Pflanzen setzen ihre Duftstoffe allerdings weniger für unsere entzückten Nasen als vielmehr zu eigenem Nutzen ein. Die Düfte locken Nützlinge an, die ihrerseits Schädlinge abwehren. Der Duft einer Pflanze kann eine Art intelligenter Kriegsführung sein. Salbei wehrt Schnecken ab und Knoblauch vertreibt Milben und Läuse. Die Blätter der Kräuter duften vor allem dann, wenn sie beeinträchtigt oder verletzt werden. Ihr Duft ist Abwehr gegen Schädigendes. Wer ein Blatt zerreibt, der erlebt das: Das Blatt reagiert mit einer wahren Duftexplosion. Duftende Blüten hingegen brauchen keinen besonderen Anreiz, sie verströmen ihren Duft ganz freiwillig, um Insekten anzulocken.

DUFTENDE KRÄUTER Kräuter entwickeln ihren Duft vor allem in der Sonne. Wer in einem mediterranen Land durch karge Landschaft gewandert ist, der weiß, wie intensiv sich die Gerüche dort in der

Hier wird nicht nur das Auge, sondern auch die Nase verzaubert: formales Kräuter- und Gemüsebeet aus Recycling-Elementen mit Salbei, Schopflavendel und Schnittlauch.

SOMMER *(von Ilse Kleberger)*

Weißt Du, wie der Sommer riecht?
Nach Birnen und nach Nelken,
nach Äpfeln und Vergissmeinnicht,
die in der Sonne welken,
nach heißem Sand und kühlem See
und nassen Badehosen,
nach Wasserball und Sonnencreme,
nach Straßenstaub und Rosen.

Wunderbare Farbkombination und Fest für die Nase, allerdings mediterranen Regionen vorbehalten: silberblättrige Olivenbäume, mit Lavendel unterpflanzt.

heißen Sonne entwickeln. Viele unserer beliebtesten Kräuter kommen von dort, mitsamt ihrer ganzen Duftfülle. Thymian und Rosmarin gehören dazu, Oregano und Salbei, Basilikum und Estragon, Lorbeer und Lavendel.

Ihren Duft entwickeln Kräuter vor allem über ihr Blattwerk. Viele duften in der Sommersonne, wenn es sehr warm wird. Aus anderen steigen Duftwolken auf, wenn man an ihnen vorbeistreift. Manchmal bringt ein leiser Windhauch ein Kraut zum Duften, manchmal der warme Regen.

Kräuter sollten in der Nähe sein, egal, ob sie für Magen, Augen oder Nase angebaut werden. Petersilie und Basilikum müssen auf kurzen Wegen erreichbar sein – während des Kochens will niemand lange Wege zurücklegen. Wer neben seinem Sitzplatz ein Thymianpolster pflanzt, kann nicht nur damit würzen, sondern auch mit einem Darüberstreichen ein Duftfeuerwerk auslösen, wenn es nicht schon allein in der Sonne duftet. Und schön sehen die Polster mit ihren winzigen Blättchen und lila Blüten sowieso aus.

Aber nicht nur im Beet fühlen Kräuter sich wohl. In Töpfen auf der Terrasse oder auf dem Balkon sind sie nicht nur schnell zur Hand, sondern können im Winter auch ohne Umstände hereingeholt werden, wenn sie keinen Frost vertragen. Nützlich und besonders schön sind Kräuter im Hochbeet, in einer Trockenmauer, vor sonnigen Wänden, zwischen Stauden oder als Randbepflanzung eines Sonnenbeetes. Einige Kräuter eignen sich gut zur Beeteinfassung oder kleine als Heckenpflanzen, die sich beschneiden lassen. Sogar Knoten- oder Flechtbeete lassen sich aus diesen Kräutern anlegen: Lavendel, Rosmarin (winterharte Sorten), Heiligenkraut *Santolina*, Bergbohnenkraut *Satureja montana,* Ysop *Hyssopus officinalis,* Schnittlauch *Allium schoenoprasum* oder Thymian.

Wer sonnige Wege hat, die nicht ständig begangen werden, kann sie vollständig oder die Aussparungen zwischen den Platten mit Thymian (*Thymus serpyllum* in Sorten) oder der nicht blühenden Kriechkamille *Chamaemelum nobile* 'Treneague' bepflanzen, der Boden sollte hier mager sein. Für Wege auf feuchten Böden eignen sich Poleiminze *Mentha pulegium* und Korsische Minze *Mentha corsica.* So entsteht ein bedingt begehbarer Duftteppich, der die Nase betört. Die Pflanzen eignen sich auch gut als Ritzenbewuchs zwischen dem Belag von plattierten Flächen.

Sonnige, warme, trockene Standorte werden von den mediterranen Kräutern bevorzugt. Sie brauchen mageren, sandigen oder durchlässigen Boden. Zu ihnen gehören Majoran, Bohnenkraut, Bergbohnenkraut, Oregano, Thymian, Ysop, Salbei, Rosmarin, Weinraute, Lavendel. Wer schweren Boden hat, sollte also reichlich Sand ins Pflanzloch oder in den Topf einbringen und nicht düngen. Die Kräuter entwickeln sonst zu viel Blattmasse und zu wenig Aroma. Ausnahmen sind Basilikum, das gern mehr Nährstoffe hat, und Estragon, der nicht zu trocken stehen darf. Das

Geometrie im Garten: formales Sommergartenbeet mit Gemüse und Kräutern, in Tortenstück-Beete unterteilt. Besondere Akzente setzen weiß blühende Rosenstämme.

Basilikum wird auch von Schnecken geliebt, es empfiehlt sich also, es in Hausnähe in Töpfe zu pflanzen.

Sonnige bis halbschattige Standorte mit genügend Feuchtigkeit brauchen die Kräuter, die in unseren Breiten zu Hause sind oder sich in unserem Klima zu Hause fühlen. Dazu gehören Petersilie *Petroselinum*, Kerbel, Liebstöckel, Borretsch, Kresse, Pimpinelle, Schnittlauch, Schnittknoblauch, Meerrettich, Minze *Mentha*, Zitronenmelisse *Melissa officinalis* und die Süßdolde *Myrrhis odorata* mit ihrem Lakritzaroma.

Halbschattig bis schattig mögen es nur Waldkräuter wie Bärlauch und Waldmeister oder die Poleiminze *Mentha pulegium*.

MISCHKULTUREN In der Mischkultur werden die Pflanzen – Gemüse, Kräuter, aber auch Blumen – so kombiniert, dass sie sich gegenseitig unterstützen und schützen. Ursache hierfür sind die Düfte (und die darin enthaltenen Wirkstoffe), aber auch die Ausscheidungen verschiedener Pflanzen, die ihre Nachbarn positiv beeinflussen. So können beispielsweise Kresse und Radieschen kombiniert werden, um ein besonderes Aroma zu erzielen; Pflanzen mit ätherischen Ölen hingegen können Nützlinge anziehen oder Schädlinge abwehren.

Für das Gemüsebeet eignen sich besonders die einjährigen Kräuter zum Zwischenpflanzen. Zwischen den Reihen von Radieschen, Zwiebeln, Porree und Tomaten wächst Petersilie sehr gut. Möhren, Zwiebeln und Gurken vertragen sich mit Dill, Fenchel und Koriander. Salat und Rettich mögen Kerbel, nicht jedoch Petersilie in der Nähe. Zu Bohnen, Porree und Tomaten passt Schnittsellerie. Erbsen, Gurken und Salat haben gern Fenchel in der Nähe. Pfefferminze, Salbei und Thymian schrecken Kohlweißlinge ab.

Im Übrigen machen sich der blau blühende Borretsch und das filigrane Laub des Fenchels auch gut im Blumenbeet. Beide Pflanzen sind nicht nur essbar, sondern auch sehr dekorative Elemente.

Es gibt auch Pflanzen, die sich gegenseitig stören oder behindern. So mag der Fenchel keine Buschbohnen oder Dill in seiner Nähe und Kohlgemüse verträgt sich nicht mit Erdbeeren. Petersilie, Dill und Kerbel vertragen sich nicht gut mit Möhren oder Knollensellerie. Wer überlegt, welches ausgefallene Gemüse er ziehen will und auf welches besondere Kraut er auf keinen Fall verzichten möchte, der findet ausführliche Verträglichkeitstabellen im Internet, um eine gute Ernte sicher zu stellen.

EIN- UND MEHRJÄHRIGE KRÄUTER Unter den Kräutern gibt es solche, die jedes Jahr gesät werden müssen, und solche, die immer wieder kommen. Wer gern selbst einjährige Kräuter ziehen möchte, der findet im Frühlingskapitel gute Tipps zur Anzucht. In jedem

Die meisten Kräuter sind anspruchslos und fühlen sich überall wohl: Hier wächst Thymian in Sorten in dekorativen Metallschalen.

Fall sollten Sie auf gute Samenqualität achten und auch die Hinweise auf den Samentütchen ernst nehmen.

Mehrjährige Kräuter sind eher schwer aus Samen zu ziehen, hier empfiehlt es sich, die Pflanzen zu kaufen. Inzwischen gibt es Kräuter, die in Bioqualität vorgezogen werden, und es gibt viele interessante Sorten. Zum Beispiel präsentiert sich der Thymian in vielen Variationen von Duft, Blatt- und Blütenfarben. Ausnahmen wie Schnittlauch, Zitronenmelisse, Pimpinelle, Sauerampfer und Löwenzahn sind mehrjährige Kräuter, die sich üppig von allein vermehren. Sie können allerdings im Garten auch lästig werden, wenn man sie nicht rechtzeitig begrenzt.

Zu den einjährigen Kräutern gehören so bekannte Kräuter wie Basilikum, Borretsch, Dill, Kerbel, Kresse, Majoran und Petersilie, die zwar eigentlich zweijährig ist, aber überwiegend einjährig angebaut wird. Bis auf Petersilie stellen alle keine großen Anforderungen an die Bodenbeschaffenheit.

Zu den mehrjährigen Kräutern gehören außer den oben genannten als bekannteste Bärlauch, Bergbohnenkraut, Estragon, Liebstöckel, Minze, Oregano, Rosmarin, Salbei, Schnittlauch, Thymian und Waldmeister.

Die **sieben wichtigsten Kräuter für die Küche** sind leicht zu ziehen. Mit Basilikum, Dill, Estragon, Petersilie, Schnittlauch, Thymian und Zitronenmelisse gibt es keinen Engpass in der Würzküche. Die Kräuter sollten schnell erreichbar sein – auf der Fensterbank in der Küche allerdings überleben sie nicht lange und müssen öfter ersetzt werden. Besser ins Beet oder in einen großen Topf auf Terrasse oder Balkon setzen.

Wer Frankfurter grüne Soße mit Pellkartoffeln und hartgekochten Eiern liebt, der braucht andere sieben Kräuter im Beet oder in Kräutertöpfen: Petersilie, Dill, Kerbel, Kresse, Pimpinelle, Borretsch und Sauerampfer.

Von den klassischen zu **neuen oder wenig bekannten Kräutern:** Wer gern mal etwas Neues ausprobiert, wird beim Basilikum *Ocimum basilicum* fündig: seine unterschiedlichen Blattgrößen und -farben sind nicht nur Augenweide, sondern eröffnen eine große Palette von Geschmacksnuancen. Dazu blühen manche Sorten üppig und attraktiv.

Auch die Minze *Mentha* gibt es nicht nur in der Variation Pfefferminze. Sie kann nach Apfel, Orangen, Zitronen, Schokolade oder Kokosnuss riechen. Sogar eine Basilikumminze gibt es inzwischen.

Der Schnittknoblauch *Allium tuberosum* kommt aus dem Fernen Osten und wird auch Chinesischer Schnittlauch oder Thai-Schnittlauch genannt. Er ähnelt dem Schnittlauch, schmeckt aber wie milder Knoblauch. Die ausdauernde, krautige Pflanze blüht wunderschön in weißen Dolden von Juli bis September.

Die japanische Petersilie *Cryptotaenia japonica* ist bei uns noch nicht sehr bekannt, in ihrer ostasiatischen Heimat aber sehr beliebt. Die Pflanze mit ihren drei petersilienartigen Blättern wird etwa 60 cm hoch, ist bedingt

Gebändigte Kräuter: Diese Hochbeete, begrenzt mit Metallplatten, halten wanderfreudige Pflanzen in Schach.

winterhart und hat winzige, weiße Blütchen, die in lockeren Dolden wie eine kleine, weiße Wolke über dem Laub stehen. Das Kraut wird mit Blättern und Stielen verwendet. Auch hier gibt es eine Sorte mit braunen Blättern.

Das Honigkraut *Stevia* hat von sich reden gemacht. Die Pflanze wird seit Jahrhunderten wegen ihrer starken Süßkraft vor allem in Asien als Süßstoff verwendet. Im November 2011 wurde dieser Stoff durch die Europäische Kommission formell als Lebensmittelzusatzstoff zugelassen. Die Blätter des Honigkrauts haben eine 30mal stärkere Süßkraft als Rübenzucker, aber nicht dessen Kaloriengehalt. Wer das Kraut im Garten hat, kann ohne Reue süßen. Es ist im Gegensatz zu den bisherigen Süßstoffen temperaturstabil und eignet sich auch zum Backen und Kochen. Die Blätter lassen sich gut trocken und können einige Jahre aufbewahrt werden. Das Honigkraut ist nicht winterhart und wird daher einjährig gezogen.

Der Gartenlöwenzahn *Taraxacum officinale* in Sorten ist nicht nur Bienenweide. Aus seinen leuchtend gelben Blüten lässt sich Löwenzahnsirup herstellen, seine Blätter ergeben einen apart schmeckenden Salat und aus seiner Pfahlwurzel lässt sich Ersatzkaffee herstellen.

Der vietnamesische Koriander *Polygonum odoratum* ist ein Knöterich und riecht nach Koriander und Zitrone. Er bereichert viele Gerichte, in Vietnam wird er vor allem für Suppen verwendet. Er muss frostfrei überwintert werden.

Auch der Sauerampfer *Rumex acetosa* ist ein Knöterichgewächs. Mancher kennt ihn von den Sommerwiesen seiner Kindheit, von denen er gepflückt und zerkaut wurde. Auch den Sauerampfer gibt es inzwischen in vielen Sorten, seine feine Note ist für viele Gerichte eine Bereicherung.

Die Perilla oder Schwarznessel *Perilla frutescans Crispa* mit grünen oder roten Blättern kommt ebenfalls aus dem fernen Osten. Die Blätter schmecken leicht nach Minze, aus ihnen kann Salat gemacht werden. Oder sie werden – wie in der asiatischen Küche – salzig-scharf eingelegt und als Beilage verwendet.

Die Süßdolde *Myrrhis odorata* schmückt jeden Garten mit ihren weißen Blütendolden und duftet nach Anis. Blätter, ausgereifte Samen und die gekochte Wurzel können in der Küche verwendet werden, alle Teile haben einen süßen, anisähnlichen Geschmack. Der wunderbare Duft der Blüten zieht nicht nur Bienen und Insekten an, sondern hat die Süßdolde auch zum beliebten Bestandteil von Duftsträußen gemacht.

Die Kräuter als Apotheke der Natur sind ein weites Feld, das wir hier nur streifen. Wer Kräuter als Heilmittel einsetzen möchte, sollte viel wissen – über Konzentrationen, Wirkungen und Nebenwirkungen, Einsatzgebiete, Dosis, toxische Wirkungen und vieles mehr. Das ist ein großes und leider noch immer vernachlässigtes Gebiet, das aber den Rahmen dieses Buches sprengt.

In diesen attraktiven Hochbeeten wachsen Kräuter, Gemüse und blühende Stauden, sie ermöglichen Pflege ohne Bücken. Die Begrenzung braucht einen Innenschutz gegen zu schnelle Verrottung.

Allerdings lässt sich so manches Kraut in unserem Garten zu wohlschmeckenden Tees verarbeiten. Dazu gehört natürlich die Minze in verschiedenen Sorten und Geschmacksrichtungen, ebenso wie die Kamille, die Zitronenverbene *Aloysia triphylla* (nicht winterhart), das Kraut Jiaogulan *Gynostemma pentaphyllum,* auch Kraut der Unsterblichkeit genannt, und die Agastache *Agastache foeniculum.* Auch Zitronenmelisse oder junge Brennnesseln ergeben wohlschmeckende Tees. Wer seine Tees selbst herstellen möchte, kann verschiedene Mischungen zubereiten, die gesundheitsfördernd sind, dafür gibt es viele Tipps. Für die Tees aus den frischen Kräutern unseres Gartens gilt: Wer sie ständig und in großen Mengen trinkt, sollte genau über die Wirkungen Bescheid wissen, damit es ihm auf Dauer gut geht. Die genüssliche Tasse Tee aus frisch überbrühten Blättern der oben aufgeführten Kräuter ist einfach toll und gesund.

DUFTENDES GEMÜSE UND OBST Wer sein Gemüse erntet, wird den feinen, jeweils sehr eigenen Duft riechen. Ob Salat oder Erbsen, Bohnen oder Gurken, alles hat seinen unverwechselbaren Duft. Er ist nicht zuletzt dafür verantwortlich, dass wir unsere Nahrung so gern aus dem eigenen Garten holen und das Gefühl haben: Hier kommt nur das auf den Tisch, was unter meinen Augen gewachsen ist, gesund und ohne unerwünschte Zusatzstoffe.

Es gibt nur wenige Gemüsepflanzen, die vor der Ernte einen ausgeprägten Duft entwickeln. Dazu gehören vor allem die Tomaten, die uns würzige Duftwolken zusenden, nach denen wir im Supermarkt vergeblich schnuppern.

Dann gibt es da den Geruch von Holunderblüten, ein bisschen streng, und von Johannisbeeren – besonders die schwarzen riechen stark. Himbeeren, Erdbeeren und frühe Äpfel – die Früchte duften, oft auch das Laub der Sträucher und Pflanzen.

Und wer in seinem Gemüsegarten oder im Staudenbeet eine Ecke hat, die er zum Duften bringen möchte, der sät Wicken an den Zaun oder Ringelblumen ins Beet. Der greift auf Rosen und Reseda, Levkojen und Nelken, Phlox und Kapuzinerkresse zurück. Wer es liebt, sich an warmen Sommerabenden im Liegestuhl zu entspannen, der sollte Nachtviole, Ziertabak, Nachtkerze oder Reseda in der Nähe haben: Diese Pflanzen duften abends und nachts. Zu den Pflanzen, die ihren Duft abends aussenden, gehört auch die Engelstrompete *Brugmansia.* Sie ist nicht winterhart, gehört zu den Nachtschattengewächsen und ist in allen Teilen giftig. Aber ihr Duft …

GEMÜSE IM SOMMER
BEETE, SORTEN, ERNTETIPPS

Das erste Radieschen, scharf und knackig, die Möhre, aus der Erde gezogen, abgeputzt und abgebissen, der noch sonnenwarme Salat, frisch zubereitet – diese sommerlichen Gaumenfreuden sind es, die den Gemüsegärtner motivieren. Wer also ein Stück Erde hat, möglichst sonnig und nicht zu weit entfernt von der Küche, der krempelt die Ärmel hoch. Wenn er die Bodenbedingungen und die Hinweise zum Vorziehen im Frühling beachtet hat, dann geht es jetzt daran, sich um die Sommerbeete zu kümmern.

BEETE Wer das klassische Gemüsebeet bevorzugt, weiß genau, er muss jäten und hacken. Werden die unerwünschten Kräuter nicht entfernt, entziehen sie den Gemüsepflanzen Nährstoffe und wachsen über sie hinaus. Gemüsebeete brauchen Feuchtigkeit, deshalb wird die Hacke eingesetzt. So wird die Feuchtigkeit im Boden gehalten.

Vor Unkräutern und Feuchtigkeitsverlust schützt aber vor allem das Mulchen. Wer zerkleinertes Stroh, Rhabarberblätter, die äußeren Blätter von Salat und andere (gesunde) Ernteabfälle oder auch welken Rasenschnitt (zwei bis drei Zentimeter) auf die Beete bringt, spart eine Menge Bücken – und Dünger. Mulch aus diesem „grünen" Material gibt reichlich Stickstoff an den Boden ab. Um die Pflanzen herum sollte beim Mulchen etwas Raum gelassen werden. Besonders Kartoffeln gedeihen gut, wenn sie gemulcht (und angehäufelt) werden.

Verdunstung und Feuchtigkeitsverlust werden auch vermieden, wenn zwischen die Reihen schnell wachsendes Gemüse (Radieschen) oder Kräuter (Kresse) gesät wird. Wir leben nicht in der Wüste, deshalb gilt: Die Natur sieht keinen nackten Boden für unsere Breiten vor; wo Platz ist, will auch etwas wachsen.

Gemüsebeete brauchen Feuchtigkeit. Trotzdem sollten sie nur ein- bis zweimal in der Woche durchdringend (15 bis 20 Liter pro Quadratmeter) gegossen werden, damit die Pflanzen nicht verwöhnt werden, sondern ihre Wurzeln in die Tiefe schicken und schmackhafter werden. Wer am frühen Morgen gießt, lockt keine Schnecken in sein Gemüsebeet. Wer abends gießt, versorgt seine Beete nachhaltiger mit Feuchtigkeit, sie kann über Nacht besser in den Boden dringen. Wenn sich allerdings diese Praxis bei den Schnecken herumspricht, kommen sie in Massen. Wer aufpasst, kann sie dann abends gut absammeln.

Wer ein Beet abgeerntet hat, sollte es mit Herbst- und Wintergemüse bepflanzen oder Gründünger zur Bodenverbesserung aussäen.

DÜNGEN IM SOMMER Wenn nachgepflanzt wird, kann Kompost direkt beim Pflanzen dazugegeben werden. Organischer oder mineralischer Dünger wird vor dem Pflanzen gestreut. Wichtig ist, die genauen Mengenangaben zu beachten und die Bedürfnisse der Pflanze

Nicht zu schnell vorbeigehen: Der Sommer bietet wunderschöne Stillleben ganz nebenbei.

In Reih und Glied: In diesem akkuraten Gemüsebeet mit Zwiebeln, Möhren, Kohl und vielem anderen ist Aussaat, Pflanzen, Pflege und Ernte kein Problem für den Gärtner. Dazu ist die Kombination von verschiedenen Blattstrukturen und -farben ein Genuss für das Auge, das sich nach üppiger Farbenpracht gern mal in der Farbe Grün ausruht.

(Stark-, Mittel-, Schwachzehrer) im Blick zu behalten. Eine Übersicht darüber findet sich im Kapitel „Frühling". Wenn es sehr trocken ist oder so nass, dass Staunässe entsteht, ist düngen mit organischem Dünger zwecklos – die Stoffe werden nicht freigesetzt. Wird dann trotzdem gedüngt und die Witterung wechselt zu feucht-warm, wird der gestreute Dünger auf einmal in hoher Dosierung freigesetzt, das schadet den Pflanzen.

Überdüngtes Gemüse entwickelt zwar in der Regel schöne dunkelgrüne, große Blätter, riecht jedoch bei Stickstoffüberdüngung eigenartig, ist wässrig und geschmacklos.

Wer plant, in seinen Gemüsebeeten Kohl zu ziehen, hat den ganzen Sommer über etwas fürs Auge im Beet: Die verschiedenen Sorten sind in Struktur und Farbe sehr dekorativ. Allerdings brauchen die Pflanzen Platz, Pflege und Dünger.

Wer es erst mal probieren will mit einem Gemüsegarten, dem sei der Salat in seiner Vielfalt ans Herz gelegt. Salat wächst schnell und liefert fürs Auge, für den Magen und für ein tolles Erfolgserlebnis alles, was das Herz begehrt. Dazu ist er relativ pflegeleicht.

SALAT Salat ist ein wunderbar leichtes Essen im Sommer, reich an Vitamin C, Folsäure und Betakarotin. Wer seinen Salat direkt aus dem Garten holen kann, muss sich keine Gedanken über schlappe Blätter oder komplizierte Aufbewahrung in nassem Zeitungspapier machen. Der geht einfach mit einem Messer bewaffnet ins Beet und holt sich seine Portion, knackfrisch und sonnenwarm.

Salat ist eine Gemüsepflanze, die in großer Vielfalt angeboten wird. Sie ist normalerweise eine Langtagpflanze. Der Begriff sagt, dass die Pflanze bei zunehmender Tageslänge zum Blühen oder „Schießen" angeregt wird – dann ist sie nicht mehr zu verwenden, er kann jedoch auch als „Blütenpflanze" sehr dekorativ aussehen. Salate haben eine kurze Vegetationsdauer, sie eignen sich gut als Vor- oder Nachkultur zu anderen Gemüsepflanzen oder auch für ein Gastspiel im Staudenbeet. Sie benötigen jedoch einen Standraum von ca. 25–30 x 25–30 cm. Salatpflanzen kann man auf dem Markt oder in der Gärtnerei kaufen; will man besondere Sorten ziehen, muss man sie selbst aussäen.

Salat will keinen Sellerie in der Nähe haben und er darf nicht in jedem Jahr an derselben Stelle wachsen. Vorsicht mit Dünger: Viel Stickstoff produziert zwar große, sattgrüne Blätter, führt aber auch zu einem erhöhten Nitratgehalt im Salat.

Lattichsalate Zu der Gruppe der Lattichsalate gehört der **Kopfsalat** *Lactuca sativa* var. *capitata*. Kopfsalat sollte nur in kleinen Mengen und zeitlich versetzt gesät und vorgezogen werden, sonst gibt es einen Überschuss, der auf dem Kompost landet. Die Sämlinge werden ins Freiland

Auch Salatbeete können dekorativ aussehen. In diesem formalen Garten bilden mehrfarbige Sorten ein attraktives Muster, gerahmt sind die Beete von Gewürztagetes.

ausgepflanzt, nicht zu tief. Der Wurzelhals muss über Bodenniveau liegen. Der Salat ist nach fünf bis zehn Wochen erntereif. Allerdings ist er nicht nur bei Menschen beliebt: Gegen Schnecken helfen Schneckenkragen oder -hütchen oder auch mit einigem Abstand wenige Körner Schneckenkorn (auf die chemische Formel Metaldehyd oder Ferramol auf der Packung achten, damit es nur den Schnecken an den Kragen geht)

Zu frühen Kopfsalatsorten (Aussaat ab März), die bis Juli geerntet werden, gehören 'Maiwunder', 'Maikönig' und 'Dynamite'.

Sommersorten mit guter Hitzebeständigkeit (Aussaat April–Juni) sind ebenfalls 'Dynamite', dazu 'Kagraner Sommer 2', 'Merveille des quatre Saisons' (rotblättrig), 'Brune d`Hiver' (rotblättrig), 'Mona', 'Pirat' (rotblättrig) und 'Adrienne'.

Zur Spätsaat im August eignen sich 'Maiwunder' und 'Winter Butterkopf', beide ertragen leichten Frost, allerdings keinen Kahlfrost.

Gegen Blattläuse und Mehltau resistent sind die Sorten 'Dynamite', 'Estelle', 'Brune d`Hiver' und 'Pirat'.

Wunderbar praktisch sind **Pflück- und Schnittsalate.** Sie brauchen wenig Platz, sind einfach zu kultivieren und „schießen" längst nicht so schnell wie Kopfsalate. Sie sind auch gut geeignet für Zwischenpflanzungen im Staudenbeet: Geerntet werden nur die äußeren Blätter, gerade so viel, wie gebraucht werden, es entstehen keine Lücken.

Pflück- und Schnittsalate werden vom Frühjahr bis Ende Juli/Anfang August gesät. Folgesaaten alle zwei bis drei Wochen, anschließend ins Beet verpflanzt oder in der Saatreihe ausgedünnt. Sie können den ganzen Sommer über geerntet werden und bringen mit unterschiedlichen Blattfarben Abwechslung ins Beet.

Zu den rotblättrigen Sorten gehören: 'Amerikanischer Brauner', 'Lollo Rossa', 'Multired 5', 'Navara', rotblättrige Eichblattsalate.

Grünblättrig sind 'Australischer Gele', 'Grünetta', 'Witte Dunsel', 'Lollo Bionda'. Wer es gern klein mag, ist mit dem Minisalat 'Baby-Leaf' gut bedient.

Eissalat wird von Mitte April bis Mitte Juni ausgesät und im Frühherbst geerntet. Er bildet große Köpfe, schosst nicht und seine Blätter sind derber als bei Kopfsalat. Sorten: 'Stylist', 'Sioux', 'Laibacher Eis', 'Fillice', 'Barcelona' und 'Calmar'.

Romanasalat ist eine alte Salatsorte, die in den letzten Jahren bei uns wieder bekannt geworden ist. Er hat kleine, längliche Köpfe und einen herben Geschmack. Zwischen März und August kann er ausgesät und später verpflanzt werden. Romanasalat bildet feste Köpfe, besonders beliebt sind die Minisorten als Salatherzen. Er lässt sich im Kühlschrank gut aufbewahren. Minisorten: 'Counter', 'Little Gem' (blattlausresistent), 'Ovired' (dunkelrote Blätter, keine Köpfe).

Gemüsevielfalt und die Lust an Gestaltung bringen solche schönen Gartenbilder hervor.

Bataviasalat stammt aus Frankreich und hat es gern warm. Er schmeckt intensiver als Kopfsalat und hat festere Blätter. Geerntet werden Köpfe oder die äußeren Blätter.

Zichoriensalate bilden schon als Jungpflanzen eine lange Pfahlwurzel und lassen sich deshalb nur schlecht verpflanzen. Sie sollten an Ort und Stelle gesät und vereinzelt werden. Auch diese Salate sind Langtagpflanzen und neigen zum „Schießen", wenn sie zu früh gesät werden.

Die **Endivie** wird wegen ihres herben, bitteren Aromas geschätzt. Wer den Geschmack abmildern will, bindet die Blätter zusammen und erreicht damit gebleichte Blätter, die einen nicht so ausgeprägten Geschmack haben. Die Endivie braucht mehr Stickstoff als Kopfsalat, auch sie sollte im nächsten Jahr an einem anderen Ort wachsen. Die Endivie ist ein Herbst- und Wintersalat und wird zur Zeit der Holunderblüte direkt ins Beet gesät. Geerntet wird sie von September bis November, sie verträgt leichten Frost. Sorten: Glatte Endivie (selbstbleichend): 'Bubikopf 2', 'Diva' und Friseésorten mit krausen Blättern.

Radicchio bildet feste Köpfe mit purpurfarbenen Blättern, die eine weiße Mittelrispe haben. Der Salat schmeckt leicht bitter und eignet sich wunderbar als feine Geschmacksnuance zu grünen Salaten. Radicchio wird im Frühsommer bis Hochsommer direkt ins Beet gesät und ab Herbst geerntet, auch er verträgt leichten Frost. Sorten: 'Palla Rossa', 'Indigo'.

Der **Zuckerhutsalat,** der etwas mehr Platz benötigt, bildet feste, spitze Köpfe, daher hat er seinen Namen. Auch er hat einen leicht bitteren Geschmack und wird im Herbst geerntet. Mitte Juni bis Juli wird er an Ort und Stelle ausgesät und später ausgedünnt. Er kann als Salat und auch als Gemüse (gekocht) verwendet werden und verträgt leichten Frost.

Außerdem Der nussig schmeckende **Feldsalat** gehört zur Familie der Baldriangewächse. Er versorgt im Herbst und Winter die Küche nicht nur mit Vitaminen, sondern ist auch eine besonders feine Delikatesse. Der Feldsalat wird im Spätsommer in Reihen ausgesät. Sorten: 'Elan', 'Vit' und 'Dunkelgrüner Vollherziger 2'.

Die **Asia-Salate** (*Brassica, Chrysanthemeum*) sind Neuheiten auf unseren Speiseplänen. Es gibt viele neue Arten und Sorten mit unterschiedlichen Geschmacksrichtungen. Die Asia-Salate werden zwischen März und Anfang August ausgesät und brauchen ausreichend Feuchtigkeit. Sie bilden keine Köpfe, die Blätter werden vier bis fünf Zentimeter über dem Boden abgeschnitten und als Salat oder Gemüse genossen. Asia-Salate sind Kreuzblütler und vertragen sich überhaupt nicht mit Kohl.

SÄEN UND AUSPFLANZEN, sobald Platz ist. Nicht nur im Frühling wird im Gemüsegarten Samen in die Erde gebracht, den ganzen Sommer über kann der Nachwuchs für abgeerntete Flächen ausgesät werden.

Hochbeete mit üppigem Gemüsebewuchs: Erbsen, Palmkohl, Salat, verschiedene Kohlsorten und Mangold versprechen Vielfalt und Frische für die Küche.

So schmecken Radieschen nicht nur im Frühjahr und Rettich ist bei seinen Liebhabern auch im ganzen Sommer und Herbst angesagt. Radieschensorten für die Aussaat im Frühsommer sind die Sommersorten 'Parat', 'Rudi' und 'Ilka' und die Sommerrettichsorten: 'Halblanger weißer Sommer', 'Neckarruhm' rot und weiß. (Herbst- und Winterrettiche sind 'Ovale blanc de Munich' und 'Runder Schwarzer', sie werden im Frühherbst ausgesät.)

Im Frühsommer bis Anfang Juli können Erbsen, Stangenbohnen, Rote Bete, Spinat, Petersilie, Gurken und Zucchini ins Beet, ebenso schnellwüchsige Bohnen wie 'Algarve', 'Purple King', oder 'Wachs Beste von Allen' und die frühen Möhrensorten der Nantaise-Gruppe.

Im Hochsommer kann Kohlrabi wie 'Superschmelz' und 'Blaro' und auch Mangold auf den frei werdenden Flächen ausgesät werden, ebenso wie verschiedene Salatsorten (s. o.).

Im Spätsommer werden Lauchzwiebeln (zum Beispiel 'White Lisbon') und Winterheckzwiebeln gesetzt, von ihnen kann das Laub im Winter geerntet werden. Jetzt ist auch die Zeit, Feldsalat, frühe Möhren der Nantaise-Gruppe und Herbstspinat auszusäen.

PFLANZEN Ob selbst gezogen oder gekauft: Viele Gemüse lassen sich am besten als Pflänzchen ins sommerliche Beet einsetzen. Im Frühsommer gehören dazu Paprika, Tomaten, Auberginen, Kürbis, Kohlrabi und Porree. Dazu kommen Zucchini in vielen Sorten: 'Black Beauty' (grüne, lange Früchte), 'Scallopini F1' (kleinfrüchtig, rund, delikat, wenig bekannt), 'Eight Ball F1' (runde, grüne, kleine Früchte). Auch viele Kohlsorten wollen jetzt als Pflänzchen ins Beet gesetzt werden. Dazu gehören Blumenkohl, Rosenkohl, Rotkohl, Wirsing, Brokkoli. Grünkohl wird erst im Hochsommer gepflanzt.

Die Pflanzen von Salat, Sellerie und Kohlrabi dürfen nicht zu tief gepflanzt werden. Lauch, Kohl und Tomaten werden dagegen tief eingepflanzt.

Wer besondere Kohlsorten wie beispielsweise die rot-lila Grünkohlsorte 'Redbor', den dekorativen Toskanischen Palmkohl oder Mini-Rotkohl als Blickfang pflanzen möchte, der muss sich seine Schätze selbst aussäen – die Jungpflanzen solcher Besonderheiten sind im Handel selten zu finden.

OBST Wer Obstbäume im Garten hat, sollte sie auch im Sommer im Blick behalten. Im Frühsommer ist es wichtig, zu dicht stehende Triebe beim Pfirsich zu entfernen. Bei Äpfeln und Birnen sollten die Wasserschosse (das sind die nach oben wachsenden Triebe) per Hand ausgerissen werden. Jungbäume und schwächer wachsende Bäume werden unterstützt, wenn Konkurrenztriebe und nach innen wachsende Triebe entfernt werden. Wenn Äpfel und Birnen zu viele und kleine Früchte zeigen, sollten sie ausgedünnt werden.

Der frühsommerliche Ausflug ins Gemüsebeet ist ein Genuss, trotz ausgiebigem Bücken und brennender Sonne auf dem Rücken. Frisch geerntet lassen die roten Beeren dem Betrachter das Wasser im Mund zusammen laufen – was vom Naschen übrig bleibt, wird zu Marmelade oder Kuchen verarbeitet.

Im Hochsommer werden bei Äpfeln und Birnen alle Triebe entfernt, die nicht dem Kronenaufbau dienen. Diese Zeit ist gut für den Schnitt, denn die Wunden heilen sehr viel besser als beim Winterschnitt.

Süß- und Sauerkirschen werden nach der Ernte geschnitten, Johannis- und Stachelbeeren werden von nach innen wachsenden und alten Trieben befreit. Beide Sträucher sollten immer nur bis zu neun Triebe haben: drei alte, drei vom Vorjahr und drei junge. Himbeer- und Brombeerzweige, die getragen haben, werden gleich nach der Ernte über dem Erdboden abgeschnitten.

ERNTETIPPS Die Ernte beginnt im Mai mit dem Gemüse, das eine kurze Wachstumsphase hat. Dazu gehören Spinat, Salat, Radieschen, Kohlrabi. Im Juli und August kann fast alles geerntet werden, was im Frühjahr in das Beet gebracht wurde. Jetzt sind Bohnen, Brokkoli und Blumenkohl, Erbsen und Sommerporree, Kartoffeln und Zucchini reif.

Wer geerntet hat und nachsäen oder -pflanzen will, sollte darauf achten, dass Kohl nicht auf die Flächen gepflanzt wird, auf denen Kohl, Radieschen oder Rettich geerntet wurde, ebenso sollte Salat an eine andere Stelle als sein Vorgänger gesetzt werden.

Wer ständigen Wechsel im Beet haben möchte, kann Radieschen, Sommersalat, Mangold, Dill und Kerbel alle zwei bis vier Wochen säen.

Ein paar **Tipps,** wie am besten geerntet wird:

Vom Mangold sollten nur die äußeren Blätter möglichst jung geerntet werden. Werden die Herzblätter geschont, kann man immer weiter ernten.

Rhabarber kann fortlaufend geerntet werden. Dabei werden die äußeren Blätter abgedreht. Der Pflanze müssen genug Blätter bleiben, sie können bis Ende Juli geerntet werden.

Rot- und Weißkohl und Wirsingköpfe sind nach der Ernte an einem kühlen Ort einige Zeit gut haltbar. Blumenkohl und Brokkoli dagegen sollten sofort nach der Ernte verbraucht werden.

Möhren können fortlaufend geerntet werden. Dabei das Grün entfernen, dann bleibt die Möhre saftiger.

Kohlrabi nicht zu groß werden lassen, sonst werden sie innen holzig. Schnell nach der Ernte verbrauchen.

Rettich und Radieschen früh ernten, damit sie nicht pelzig werden.

Zucchini möglichst jung ernten, dann schmecken sie am besten. Jeden zweiten Tag die Pflanzen überprüfen. Die großen, weiblichen Zucchiniblüten sind eine Leckerei, wenn sie mit Fleisch, Reis oder Frischkäse gefüllt oder frittiert werden.

Werden Bohnen und Erbsen regelmäßig gepflückt, werden Blüte- und Erntezeit verlängert.

Brombeeren sollte man nur vollreif ernten, sonst sind sie zu sauer.

Platz ist auf der kleinsten Fläche und nicht nur auf dem Boden, sondern auch in der Höhe. Der Fantasie sind keine Grenzen gesetzt, wenn es um ein Plätzchen für die Lieblingspflanze geht.

Petersilie, Dill, Basilikum, Bärlauch, Kerbel, Schnittsellerie, Liebstöckel, Schnittlauch, Minze, Sommerbohnenkraut, Estragon, Oregano und Thymian können frisch eingefroren werden: Dazu kleine Portionen in Eiswürfelbehälter füllen.

An einem schattigen, trockenen, luftigen Ort, kopfüber aufgehängt, können diese Kräuter getrocknet werden: Basilikum, Schnittsellerie, Minze, Kamillenblüten, echter Majoran vor der Blüte, Sommerbohnenkraut, Bergbohnenkraut vor der Blüte, Oregano, Thymian, Salbei, Rosmarin, Lavendel. Falls einzelne getrocknete Zweige schimmeln, müssen sie entsorgt werden.

Wer Kräuter ernten möchte, die viele ätherische Öle enthalten (z. B. Minze), tut das am besten vormittags nach einigen sonnigen, trockenen Tagen.

Wunderbaren Kräuteressig kann man aus Dill, Estragon oder Minze machen: Kräuter mit Weißweinessig übergießen, Gefäß verschließen und alles an einem sonnigen Ort ziehen lassen.

TOPFKULTUR Wer keinen Garten hat oder keine Gemüsebeete haben möchte, kann auch auf dem Balkon in Kästen oder in Töpfen eine Menge zum Naschen und Genießen anbauen. Voraussetzung dafür ist viel Sonne und regelmäßiges Gießen: Die Töpfe dürfen nicht austrocknen. Für die Töpfe gibt es fertig gemischte Erden für Gemüsepflanzen oder auch fertige Säcke (Grow Bags), in die Löcher geschnitten werden und direkt gepflanzt wird. Regelmäßiges Düngen – am besten mit Flüssigdünger – ist unbedingt nötig.

Wer Töpfe und Pflanzgefäße einsetzt, sollte darauf achten, dass sie groß genug sind für die bevorzugte Gemüseart. Wächst das Gemüse höher, braucht es 20 bis 30 Liter Erde. Möhren, Rote Bete und Zichoriensalate brauchen mindestens 20 Zentimeter tiefe Gefäße.

In Töpfen oder auf dem Balkon gedeihen auch alle Kräuter, die nicht zu üppig wachsen. Thymian, niedriger Rosmarin, Schnittlauch, Basilikum und Petersilie brauchen nicht viel Platz.

Wer nicht ganz auf Blütenpracht in Töpfen verzichten will, kann essbare Sorten verwenden. Dazu gehören Kapuzinerkresse, Borretsch, Würztagetes oder Ringelblume.

STRUKTUREN UND FARBEN
KOMBINATIONEN FÜR EINEN INTERESSANTEN GEMÜSEGARTEN

Der sommerliche Garten kann sich streng aufgeteilt präsentieren: Hier die ganze Blütenfülle von Sträuchern und Rosen, Stauden und Einjährigen, und dort die abgezirkelten Beete mit dem Essbaren, spannend für den Gaumen, eher langweilig für das Auge, teilweise abgeerntet, teilweise nachgesät.

Besonders bei kleinen Flächen ist es für Gärtner interessant, diese strenge Aufteilung zu verlassen und den Gemüsegarten schön, den Blumengarten hingegen nützlich zu bepflanzen. Wenn das gelingt, kann ein solcher kleiner, sommerlicher Garten Augenweide und Gaumenfreude zugleich sein.

HÖHEN Die Pflanzen haben unterschiedliche Höhen. Es kann leicht langweilig aussehen, wenn konsequent vorn die niedrigen, in der Mitte die mittleren und hinten die hohen Pflanzen positioniert werden. Gerade bei Gemüse gibt es viele Möglichkeiten, zu variieren. Wer zum Beispiel die Stangenbohnen wie ein Zelt in der Mitte des Beetes wachsen lässt, hat einen tollen Hingucker. Oder der Fenchel: Mit seinem feinen, transparenten Laub sieht er im Vordergrund sehr interessant aus.

FORMEN Die Blattformen sind auch bei Gemüse sehr unterschiedlich. Vom filigranen Laub von Möhren, Fenchel oder Dill bis zu den breiten, ruhigen Blättern von Kohl und Salat gibt es eine Menge Formen. Auch hier wird es interessant, wenn Kontraste gesetzt werden: Salat oder Kohl mit breiten, niedrigen Blättern neben Lauch oder Zwiebeln mit höherem, spitzem Laub ergänzen sich ausgezeichnet. Wer Pflanzen einer Blattform zusammen pflanzt, hat ein eher langweiliges Beet. Wer mit den Formen spielen möchte, sollte daran denken, dass Kohl oder Lauch eine lange Wachstumszeit haben, andere Gemüse stehen nur vergleichsweise kurze Zeit im Beet.

FARBEN Die Farben von Gemüsepflanzen und den blühenden Pflanzen, die sich zwischen ihnen wohl fühlen, eröffnen viele Möglichkeiten. Wer aus seinem Gemüsegarten ein Farbfeuerwerk machen möchte, hat dazu viele Gelegenheiten.

Blau und grau sind die Blätter des Toskanischen Palmkohls, des Kohlrabi, der Artischocken, des Rosenkohls, von Erbsen, Lauch und Weinraute. Blaue Blüten im Gemüsebeet liefern Borretsch, Ysop, Minze, Agastache, Salbei und Lavendel.

Gelb in vielen Schattierungen sind bei Mangold mit gelben Stielen zu finden, bei Goldoregano, panaschierten Sorten von Zitronenmelisse, Minze und Thymian. Paprika, Zucchini und Kürbisse mit gelben Blüten und Früchten ebenso wie die gelben Busch- oder Stangenbohnen bringen

Prächtiges Farbspiel im Staudenbeet mit blauen Blüten, die Akzente in verschiedene Kupfer- und Rottöne setzen.

Farbspiele in Gelb und Orange: Helenium und Crocosmia bestimmen das Farbbild, Kohl und Salbei setzen dunkelrot-violette Farbtupfer.

ebenfalls gelb ins Beet. Gelbe Blüten finden sich an Studentenblume, Ringelblumen, Sonnenblumen, Weinraute, gelbblütiger Kapuzinerkresse.

Rot leuchten die Stiele der Mangoldsorten 'Bright Lights' und 'Rhubarb Chard' und des Blutampfers. Rote Früchte von Paprika, Tomaten, Erdbeeren, Johannisbeeren und Erdbeerspinat bringen ebenfalls Farbkleckse ins Beet. Rote Blüten liefern Feuerbohne und Kapuzinerkresse.

Rosa leuchten die Blüten von Schnittlauch, einigen Thymiansorten, Bergbohnenkraut und Wicken.

Violett und Purpur sind die Blätter von Pflücksalatsorten wie 'Lollo Rosso' oder 'Multired 5' und Kopfsalatsorten wie 'Merveille des quatre Saisons', Eichblattsalat 'Navara' oder Romanasalat 'Ovired'. Auch Radicchio, Rotkohl oder die Grünkohlsorte 'Red Bor' bringen diese Farbtöne ins Beet. Auch rote Melde, rotes Basilikum oder Buntnesseln setzen Purpurakzente ins Beet. Lila Früchte liefert die Bohne 'Purple King', die Früchte der Kapuzinererbse und die Knollen des blauen Kohlrabis. Violettpurpurfarbene Blüten zeigen die Stockrose 'Dunkle Schönheit' oder die Pimpinelle.

FARBKOMBINATIONEN Interessant ist es, Komplementärfarben einzusetzen. Das bringt Spannung ins Beet. So können in ein vorwiegend blaues Beet (z. B. blaublättrige Kohlsorten) lebendige Akzente von Orange mit beispielsweise Ringelblumen gesetzt werden. Das Gleiche gilt für Violett und Purpur (Salatsorten) sowie Gelb (Tagetes). Grüne Pflanzen erhalten durch das Rot von Feuerbohne, Paprika oder Tomaten einen Komplementärakzent.

Wer den Farbdreiklang mag, der kann Gelb, Rot und Blau einbetten in grünes Laub. Diese Farbmischung wirkt kräftig, dominant und ist in vielen Bauerngärten zu finden.

Außerdem lassen sich helle und dunkle Blattfärbungen beispielsweise von Pflücksalat miteinander kombinieren, ebenso wie warme (Gelb) und kühle (Blau) Farbtöne.

Bei starken, dominierenden Farben empfiehlt es sich, sie als Farbtupfer einzusetzen. Die weniger leuchtenden Farben lassen sich gut auf der Fläche als Rahmen dazu einsetzen.

Klassische Farbkombinationen sind Blau, Violett und Gelb oder Orange, Rosa und sanftes Violett mit Silbergrau und Weiß, Orange, Rot und Gelb mit sattem Grün und Braun, Gelb und Weiß mit einem Rahmen aus Silbergrau und Grün.

FLÄCHEN Wer es gradlinig und geordnet liebt, muss deshalb nicht das klassische Rechteckbeet anlegen. Es geht auch im Kreis. Solche Segmente aus warmen Farben wie Gelb, Orange und Rot wirken lebhaft und fröhlich, aber sie sind auch sehr dominant und verkürzen Entfernungen, machen also im Vordergrund den Garten optisch kleiner.

Kalte Farben (Violett, Blau, Türkis): Im Kreis gepflanzt, wirken sie elegant, treten optisch zurück und lassen den Garten größer erscheinen, wenn das Beet im Hintergrund gepflanzt ist.

Pastelltöne wirken harmonisch und romantisch – allerdings manchmal auch langweilig.

Wer Lust hat, kann alles auch im Quadrat anlegen und aus seinem Gemüsegarten ein schmackhaftes Schachbrett mit den schönsten Farbkombinationen machen.

Rhapsodie in Blau-Grün: Dieses von Buchs umgebene Pflanzrondell mit Kohl, Palmkohl und Artischocke fügt sich gut in das Arrangement von Gemüse- und Staudenbeeten ein. Die Blautöne des Kohls werden aufgenommen vom Lavendelbeet im Hintergrund, die einjährigen Sonnenblumen im Nachbarbeet mit ihrer dunkelroten Färbung setzen einen schönen Akzent.

NÜTZLINGE UND SCHÄDLINGE
SCHÄDEN BEGRENZEN UND VERMEIDEN

Wer einen Gemüsegarten hat, fürchtet Pilzbefall und andere Schädlinge, die seine Pflanzen beeinträchtigen oder vernichten. Es ist wichtig, auf gute Voraussetzungen zu achten – gesunde Pflanzen sind nicht so anfällig für Krankheiten und Schädlinge. Je wohler sich eine Pflanze fühlt, umso leichter wird sie mit dem Angriff von Schädlingen fertig.

Wer gesunde Gemüsepflanzen heranziehen will, sollte zuerst darauf achten, dass sie die Bedingungen vorfinden, die sie brauchen. Wer sonnenhungrige Pflanzen in den Schatten pflanzt, wird keine Freude daran haben. Sonne und Schatten, Wärme, Wind und Feuchtigkeit spielen eine wichtige Rolle und auf jeder Samentüte steht, was genau für diese Pflanze gut und für die andere schlecht ist.

Zu den Voraussetzungen gehört auch, dass der Boden richtig bearbeitet wird. Unkräuter müssen entfernt, das Beet muss regelmäßig durchgehackt werden. Es darf nicht zu dicht gepflanzt oder gesät werden, damit jede Pflanze genug Platz und Luft hat. Mit Dünger, besonders Stickstoff, eher sparsam umgehen – im Zweifelsfall die Briefwaage zur Hand nehmen, um das richtige Maß zu finden. Wer mit Kompost düngt, reichert das Beet mit Bodenlebewesen an, das Beste, was ihm passieren kann. Manche stärken ihre Pflanzen mit Pflanzenbrühe. Das geht zum Beispiel mit Brennnesseln, die mit Wasser übergossen werden. Nach zwei Wochen riecht diese Brühe unangenehm, unterstützt aber das Gemüse wirkungsvoll und chemiefrei – und der Geruch verflüchtigt sich schnell. Die Brühe wird verdünnt 1:10 angewendet.

Auch das Gießen kann die Pflanzen stärken oder sie beeinträchtigen. Wer ein- bis zweimal in der Woche durchdringend wässert und dabei möglichst Blüten, Blätter und Früchte nicht benetzt, macht es richtig.

Zu guten Startbedingungen für das Gemüsebeet gehört auch, Sorten auszuwählen, die sich als widerstandsfähig erwiesen haben und entsprechend ausgewiesen sind.

Bestimmte Kombinationen schützen sich gegenseitig vor Schädlingsbefall. So hilft die Ringelblume neben der Kartoffel vor Nematodenbefall, bei Tomaten und Weißkohl helfen Studentenblumen gegen Befall. Kapuzinerkresse zieht Läuse an und hält sie von Zucchini und Möhren fern.

NÜTZLINGE FÖRDERN Insekten wie Marienkäfer, Florfliegen, Schwebfliegen, Schlupfwespen sind als Schädlingsvertilger bekannt, ebenso wie Ohrwürmer, Raubkäfer, Raubwanzen und Spinnen. Vögel vertilgen große Mengen von Insekten ebenso wie Igel, Kröten und Spitzmäuse.

Es heißt also, genau hinsehen, was im Garten kreucht und fleucht. Die Helfer bei der Schädlingsbekämpfung arbeiten gern für einen Garten, wenn sie gute Bedingungen vorfinden, zum Beispiel naturnahe Anlagen mit Wildsträuchern und eine Bepflanzung, in der sie auch überwintern können.

Diese Drahthauben schützen die Kohlköpfe vor Wildverbiss. Sie lassen sich aus Kaninchen- oder Kükendraht leicht herstellen und sehen zwischen den Tagetesreihen interessant aus.

Holz-, Stein- und Laubhaufen gewähren ihnen Unterschlupf und Insektenhotels und Nistkästen laden zum Niederlassen ein.

SCHÄDLINGE VERMINDERN Der leichte Befall von Blattläusen regelt sich meist von allein, wenn Marienkäfer oder Vögel im Garten sind. Ist der Befall stärker, hilft es, die befallenen Spitzen abzuschneiden, die Läuse von den Zweigen abzustreifen oder sie mit einem Wasserstrahl abzuspritzen. Auch bei Pilzbefall sollten die befallenen Spitzen abgeschnitten werden. Wichtig ist, kranke oder befallene Pflanzenteile nicht auf den Kompost zu bringen oder als Mulch zu verwenden – sie gehören in die Mülltonne.

Eine Reihe von Züchtungen sind unempfindlich gegen Schädlinge. Dazu gehören die Kopfsalatsorten wie 'Dynamite', 'Estelle', 'Osaka' – sie sind resistent gegen Blattläuse, Mehltau, Mosaikvirus oder Wurzelläuse. Auch bei den übrigen Salaten gibt es krankheitsresistente Sorten und die Pflück- und Schnittsalatsorten 'Lolo' und die Romanasalate sind bei Schnecken nicht besonders beliebt, weil ihre Blätter härter sind.

Bei den Möhren werden die frühen und späten Sorten weniger von der Möhrenfliege befallen.

Der Gebrauch von Pflanzenschutzmittel sollte in einem Garten mit guten Bedingungen überflüssig sein. Wenn der Gärtner vor einem sehr starken Befall steht und zur Spritze greift, sollte er darauf achten, nur solche Mittel zu verwenden, die Nützlinge schonen und für Bienen ungefährlich sind, und daran denken, dass er die Pflanzen womöglich essen möchte. Neu im Pflanzenschutz und chemiefrei sind Nematoden (Fadenwürmer), natürliche Feinde von Insektenlarven. Sie werden mit Wasser vermengt im Freiland ausgebracht.

Wenn Freilandsaaten mit Vlies abgedeckt werden, wird ein Befall vermindert, später können Gemüsenetze über die Pflanzen gespannt werden. Wer Raupen am Gemüse findet, kann sie absuchen – Chemie ist nicht nötig.

Und dann sind da noch die Schnecken, die Feinde der Gemüsegärtner. Eigentlich haben Schnecken Aufräumfunktion: Sie machen sich besonders über schwächliche und kranke Pflanzen her. Damit es dabei bleibt, gibt es natürliche Feinde wie Igel oder Vögel. Bei uns allerdings gibt es kaum noch einheimische Schnecken. Wir kämpfen im Garten mit der spanischen Wegschnecke, die unsere Schneckenvertilger nicht mögen. Nur die jungen indischen Laufenten mit einem riesigen Eiweißbedarf fressen sie, die älteren wenden sich ebenfalls ab.

Es gibt kein sanftmütiges Rezept gegen Schnecken. Die Tiere direkt zu töten, fällt vielen schwer. Wer sie über den Zaun zum Nachbarn wirft, eingräbt oder ins nächste Gewässer wirft, kann sicher sein, dass sie bald zurückkommen. Schnecken bewegen sich nicht gern auf Sand, Schotter,

Gesteinsmehl oder Sägespänen – wer seinen Garten damit auslegt, wird allerdings feststellen, dass dieses Rezept nicht immer wirkt. Außerdem ist diese Art von Gartengestaltung nicht jedermanns Sache. Schneckenzäune aus Metall sind teuer und deshalb nur für kleine Beete geeignet. Auch sie nützen nicht viel, wenn im Boden Schneckeneier geparkt sind. Für einzelne Pflanzen gibt es Schneckenkragen oder -hütchen. Wer Bretter auslegt, kann darunter Schnecken sammeln und sie vernichten. In feuchtem Mulchmaterial sammeln sie sich ebenfalls. Wer sie sammelt, muss sie allerdings töten, mit Schere oder kochendem Wasser. Sonst kann er sich den Aufwand sparen und sich darauf einstellen, dass er sein Gemüse mit den Schnecken teilt.

Wer zu Schneckenkorn greift, sollte unbedingt darauf achten, dass auf der Verpackung die chemische Formel Metaldehyd oder Ferramol verzeichnet ist. Das lockt die Schnecken mit einem Duftstoff an (wenige Körner reichen), schont aber andere Tiere im Garten. Es wurden allerdings Haustiere beobachtet, die das Schneckenkorn gezielt fraßen; in größeren Mengen soll es den Tieren geschadet haben.

Auch die Wühlmäuse sind Gartenbewohner, die ungeliebt sind, weil sie die schönsten Pflanzen gern schon mal in der Erde verschwinden lassen. Wühlmausgänge sind rund oder hoch-oval und gut als Erhebung im Beet zu erkennen. Öffnet man den Gang, wird er sofort von den Bewohnern wieder verschlossen. Gift oder Gas erreicht die Tiere selten. Pflanzen gegen Wühlmäuse wie Kaiserkronen und Wolfsmilch wie auch akustische Vertreiber helfen selten. Fallen sollte man nur aufstellen, wenn man sicher ist, dass es sich bei dem Erdgang nicht um den Gang eines Maulwurfs handelt, denn dieser ist ein Nützling. Zu erkennen ist der Unterschied gut: Wird der geöffnete Gang nicht wieder zugebuddelt, handelt es sich um einen Maulwurfgang.

LICHT UND SCHATTEN
PFLANZEN FÜR VERSCHIEDENE STANDORTE

Um es klar zu sagen: Gemüse mag keinen tiefen Schatten. Am besten dran sind also die Gemüsebeete, die in der vollen Sonne liegen. Wessen Garten von einer Hauswand oder von Bäumen beschattet wird, sollte beobachten, wie die Lichtverhältnisse sind, wo am Besten ein Beet angelegt wird und welche Pflanzen mit diesem Standort gut zurecht kommen.

Welche Gemüsepflanzenarten die volle Sonne verlangen und welche auch mit Halbschatten zufrieden sind, das zeigt die nachfolgende Auflistung.

Volle Sonne verlangen diese Gemüsepflanzen:
Salat: Bataviasalat, Endivie, Radicchio, Zuckerhut.
Gemüse: Staudensellerie, Rettich, Radieschen, Zwiebeln, Lauchzwiebeln, Winterheckzwiebeln, Knoblauch, Tomaten, Paprika, Gurke, Stangenbohnen, Erbsen.

Halbschatten vertragen:
Salat: Kopfsalat, Eissalat, Romanasalat, Pflück- und Schnittsalat, Feldsalat, Asia-Salate, Rucola.
Gemüse: Spinat, Mangold, Rhabarber, alle Kohlsorten, Kohlrabi, Rote Bete, Möhren, Pastinake, Sellerie, Rübchen, Kohlrübe, Schwarzwurzel, Porree, Zucchini, Kürbis, Buschbohnen, dicke Bohnen.

Gemüse braucht Sonne. Dieser Garten in der Abendsonne bekommt davon so viel, dass die Pflanzen prächtig wachsen können. Klassischer Gemüsegarten mit Erbsen, Bohnen und Kartoffeln, mit Möhren, Zwiebeln und frisch gesetztem Salat und mit einem Erdbeerbeet. Zum Eingang hin ist der Garten dekorativ durch Kletterrosen und Rittersporn abgegrenzt.

DAS IST DER HERBST

„Aus den Träumen des Sommers wird im Herbst Marmelade gemacht." Diese englische Gartenweisheit bringt es auf den Punkt. Der Herbst ist handfest. Er schmeckt und riecht. Seine Farben sind leuchtend, unübersehbar, nicht selten Feuerwerke. Der Herbst ist die Jahreszeit, die alle Kräfte zu sammeln scheint, um sich in überbordender Fülle zu präsentieren. Das gilt für Blüten und Blattwerk und das gilt für die Früchte. Manches wird erst jetzt erntereif, anderes kann zum zweiten Mal geerntet werden – alles präsentiert der Herbst auf Bäumen und Sträuchern und in Beeten.

Wann genau ist Herbst? Für die Meteorologen fängt er schon am 1. September an und endet am 30. November. Auch für die Astronomen dauert der Herbst drei Monate, allerdings beginnt er für sie zur Tag- und Nachtgleiche am 22. oder 23. September, das variiert von Jahr zu Jahr. Der astronomische Herbst endet erst kurz vor Weihnachten am 20. Dezember.

Für den Gärtner ist die phänologische Aufteilung des Herbstes interessant. Hier wird in Frühherbst, Vollherbst und Spätherbst unterschieden. Wann welche Phase beginnt, ist an den sogenannten Zeigerpflanzen zu erkennen.

Im Frühherbst sind das die blühenden Herbstzeitlosen, der Schwarze Holunder, dessen dunkle Trauben schwer von den Sträuchern hängen, und die Haselnuss, die jetzt reif wird. Jetzt können Zwetschgen und Birnen geerntet werden.

Der Vollherbst ist an den reifen Früchten von Stieleiche, Rosskastanie, Quitte und Walnuss zu erkennen. In dieser Zeit beginnt die Laubfärbung vieler Wildbäume. Rosskastanie, Rotbuche, Eiche, Esche und der wilde Wein probieren das ganze Spektrum von grün über gelb und orange bis zu rot und braun aus. Die Obstbäume verlieren ihre ersten Blätter und Spätkartoffeln, Rüben und Äpfel werden geerntet.

Der Spätherbst beginnt, sobald auch die Wildbäume wie Stieleiche und Rosskastanie ihr Laub abwerfen. Das Wintergetreide geht auf. Mit Absinken der Temperaturen wird die Arbeit im Garten und in der Landwirtschaft allmählich eingestellt. Mit dem Ende des Laubfalls endet der Spätherbst, dann ist es meist Mitte bis Ende November.

Dieser herbstliche Sitzplatz hat nicht nur gute Aussichten auf leuchtende Tagetes, Helenium und Dahlien, er bietet dem Besetzer auch saftige Spalierbirnen in Griffnähe.

FRÜCHTE, BLÜTEN UND BLÄTTER
FARBFEUERWERKE UND WIE MAN SIE ZÜNDET

Es lässt sich nicht leugnen: Trotz unerwarteter warmer Tage hat sich der Sommer verabschiedet. Der Winter ist im Anmarsch und mit ihm neben einigen Freuden vor allem Dunkelheit, Kälte und Winterruhe im Garten. Wie zum Trost für diese Aussichten bietet der Herbst wunderschöne Schauspiele für den, der bei seiner Gartengestaltung die Früchte und Blattfärbung seiner Bäume und Sträucher im Blick hatte.

FRÜCHTE Leuchtend rote Äpfel auf dem zunehmend kahlen Baum, die schwarzen Dolden des Holunders, die rotorangefarben leuchtenden Beeren der Eberesche – sie geben den Startschuss zum herbstlichen Farbspektakel und sie laden zur Ernte ein. Der Saft der Holunderbeeren wird im Winter gebraucht, wenn Erkältungen im Anmarsch sind, und aus den leuchtenden Ebereschenbeeren besonders der Sorte *Sorbus aucuparia* 'Edulis' lassen sich tolle Marmeladen machen. Es folgen die gelben, schweren Früchte der Birnenquitte und die kleineren, grünlich-gelben der Apfelquitte. Die roten Früchte der Felsenbirne schmecken gut in Kuchen und Marmelade, aber auch roh sind sie ein Genuss.

Zu den Früchten, die im Herbst leuchten, gehören die immer tragenden Erdbeeren und die Herbsthimbeer-Sorten *Fallgold*, *Autumn Bliss*, *Golden Bliss* oder *Aroma Queen*. Sie laden mit ihren Farben zu einer späten Ernte ein. Nicht zu vergessen die vielen Tomatensorten, von grün über gelb und rot bis zu dunkelrot-braun getigert gibt es neben einer großen Geschmacksvielfalt auch eine ansehnliche Farbpalette.

Und dann die Kürbisse: Vom 'Gelben Zentner' über das tiefe Orangerot der Hokkaido-Kürbisse bis zur Farbpalette der Zierkürbisse sind diese Früchte nicht nur Augenweide, sondern auch schmackhaft – abgesehen von den nicht essbaren Zierkürbissen.

Früchte leuchten auch dort, wo der Gartengestalter gar nicht an Ernte gedacht hat. Da sind die gelben oder roten Zier- oder Kirschäpfel, die ihre Farben noch zeigen, wenn das Laub längst gefallen ist. Sie sind eigentlich viel zu schön zum Pflücken, aber die großfruchtigen unter ihnen lassen sich gut zu Gelees oder Säften verarbeiten. Die kleinen Äpfel sind außerdem zunehmend gefragt als attraktive Dekoration zum Beispiel im Adventsgesteck – hier halten sie sich erstaunlich lange.

Das gleiche gilt für Hagebutten in vielen Formen, Größen und auch Farben. Sie leuchten in der Wildhecke orange, rot oder schwarzrot, wenn längst kein Blatt mehr am Strauch ist. Auch Hagebutten, besonders die großfruchtigen Sorten, liefern Likör und Marmeladen vom Feinsten für den, der genug Geduld für die Verarbeitung aufbringt.

BLÜTEN Nicht zuletzt bringen Blüten den Herbstgarten zum Leuchten. Die Kapuzinerkresse blüht unermüdlich und in vielen Sorten

Ungewöhnliche Streuobstwiese: Diese Apfelbäume mit leuchtenden Früchten sind unterpflanzt mit weißen und blauen Herbstkrokussen.

Farbenspiel in Blau-Violett mit weißen Tupfen: Blühende Stauden rahmen das Gemüsebeet mit Fenchel, Zwiebeln und Grünkohl.

bis zum ersten Frost, ebenso die Studentenblumen *Tagetes tenuifolia.* Die *Agastache* 'Toronjil Morade' mit ihren magentaroten Blüten leuchtet, dass es eine Art hat. Ringelblumen blühen immer noch und auch der Dill zeigt schöne Dolden – alle diese Blüten sind essbar.

Dazu kommen die Blüten, die in einem Bauerngarten unerlässlich sind. Die einjährige Sonnenblume *Helianthus annuus* mit ihrem Gesicht, das sich der Sonne zuwendet, gehört an den Zaun. Wenn die Blütenblätter abgefallen sind, sind die Fruchtteller attraktive Nahrungsquelle für Vögel. Auch einjährige und Staudenastern gehören zu den Farben der Herbstpalette und natürlich die Dahlien in all ihrer Pracht.

BLÄTTER Der Herbst ist groß darin, Blätter in den ungewöhnlichsten Farben zu präsentieren. Dazu gehören essbare im Gemüsebeet wie Salbei oder Basilikum in Sorten und der Mangold mit seinen leuchtend roten oder gelben Stielen. Pflücksalat mit roten Blättern, Radicchio, rote Melde und roter Amaranth bringen Farbe ins Beet, ebenso wie die Grünkohlsorte 'Red Bor' mit ihrer rotvioletten Färbung.

Und dann gibt es da noch die Blattfärbung an Bäumen und Sträuchern, die einen Garten in ein Festkleid hüllen kann, wenn der Gärtner sie berücksichtigt hat. Die Blätter von Himbeere und Brombeere färben sich dunkelrot und die Felsenbirne leuchtet wie eine Fackel, bevor sie ihre Blätter abwirft.

Gehölze mit besonders schöner Herbstfärbung sind zum Beispiel der Federbuschstrauch *Fothergilla,* das geflügelte Pfaffenhütchen *Euonymus alatus,* der Eisenholzbaum *Parrotia persica.* Die filigranen Fächerahorne *Acer palmatum* in Sorten bestechen nicht nur durch eleganten Wuchs und filigrane Blätter, sie zeigen im Herbst Farben von leuchtendem Gelb über kräftige Orangetöne bis zu Dunkelrot. Beeindruckend ist der Amberbaum im Herbst mit seinem Farbspiel. Die bei uns bekannteste Sorte *Liquidambar styraciflua* wird allerdings bis zu 25 Meter hoch, ist also für kleine Gärten nicht geeignet. Wunderschöne Blattfärbungen zeigen Apfelbeere *Aronia melanocarpe,* der Ginkgobaum und die Berberitze. Von den Kletterpflanzen ist es vor allem der wilde Wein *Parthenocissus,* der vor dem Winter noch einmal in einen Farbtopf greift. Für jede Blattfärbung im Herbst gilt: Je sonniger der Standort, umso furioser das Farbfeuerwerk.

TOMATE, KÜRBIS & CO.
GEMÜSE IM HERBST

Spätsommer und Herbst, das sind die Hochzeiten im Gemüsegarten. Von Kartoffel bis *Physalis* ist jetzt von Bodenständigem bis zu Exotischem alles reif, was das Herz begehrt, der Gärtner ausprobiert hat und Boden, Klima und Licht zugelassen haben. Die Möglichkeiten, im Gemüsegarten zu experimentieren, sind ungezählt. Hier werden Beispiele herausgegriffen und Gemüsesorten vorgestellt, die sich einen Platz in den Herzen der Gärtner erobert haben, die mit Vorliebe gegessen werden und die einfach anzubauen sind. In diesem Abschnitt geht es um Tomaten, Gurken, Zucchini und Kürbisse. Alle diese Pflanzen sind Starkzehrer. Sie brauchen also mehr Dünger als andere Pflanzen. Wer Kompost verwendet (Empfehlung: acht Liter pro Quadratmeter), gibt Stickstoff dazu. Die empfohlene Menge jedoch muss bei dieser Kombination reduziert werden: Pro Quadratmeter reichen etwa 50–80 g Hornspäne oder 15–30 g Kalkammonsalpeter.

Wer keinen Kompost hat, der verwendet organischen Stickstoffdünger wie Hornspäne oder Hornmehl in einer Menge von 80–120 g pro Quadratmeter. Hier ist ein ausgedienter Sahnebecher (200 ml) hilfreich: Dreiviertel oder ganz gefüllt entspricht er dieser Menge. Wer anorganischen Stickstoff wie Kalkammonsalpeter verwendet, braucht auf einen Quadratmeter nur 20–40 g. Das entspricht etwa zwei bis vier gestrichenen Esslöffeln.

Wer seine Pflanzen in Töpfe mit Blumenerde aus dem Handel setzt, muss im Laufe der Wachstumszeit nachdüngen. Hier ist ein Volldünger nötig, der nach Anweisung auf der Packung in die Erde oder ins Gießwasser gegeben wird. Düngen mit Augenmaß: Es ist wichtig, sich an die Vorgaben zu halten. Tomaten beispielsweise wachsen zwar prächtig, haben aber wässrig schmeckende Früchte, wenn sie zu viel Dünger bekommen.

TOMATEN Seit die Tomaten der Kindheit mit ihrem wunderbaren Duft aus den Regalen der Lebensmittelmärkte verschwunden sind, sind sie das bevorzugte Gemüse für Neulinge wie für alte Hasen im Gemüsegarten.

Wer Tomaten selbst ziehen will, sät sie im Frühling bei Temperaturen von 18–20 Grad aus. Wer keinen Platz oder keine Geduld dafür hat, kauft sich fertige Pflanzen. Tomaten haben die Besonderheit, dass sie keine Nässe auf Blättern und Früchten mögen, aber gern feuchten Boden haben. Sie brauchen also Regenschutz und achtsames Gießen.

Tomaten fordern die Zuwendung ihres Gärtners. Die hochwachsenden unter ihnen bilden in den Blattachseln Seitentriebe, die regelmäßig entfernt werden müssen. Ausgeizen nennt man das. Wenn sich fünf bis sechs Blütenstände entwickelt haben, wird der gesamte Haupttrieb abgeschnitten. Diese Techniken sorgen dafür, dass die Pflanze ihre ganze Kraft in die Früchte steckt anstatt in viele Triebe und zu spät reifende Fruchtstände.

Zu den **hochwachsenden Tomatensorten** gehören die **Stabtomaten,** die 1,20 bis 1,80 Meter hoch werden und an einer Stütze

Dieser Kürbis bringt auch in der Höhe schönste Früchte.

Tomaten gibt es in vielen Farben, für die unterschiedlichsten Ansprüche und Standorte. Hier eine Ernteauswahl von Dattel- und Flaschentomaten, die Appetit macht.

angebunden werden wollen. Zu den alten Sorten gehören 'Black Ethiopia' mit dunkelvioletten Früchten und 'Tigerella' mit rot-gelb gestreiften Früchten. Die Sorte 'Goldene Königin' hat gelbe Früchte. Rote Früchte tragen zum Beispiel die Sorten 'Fantasio', 'Maestria' und 'Vitella'.

Auch die **Fleischtomaten** wachsen hoch und müssen angebunden werden. Ihre schweren Früchte sind gerippt, auch hier gibt es unterschiedliche Farben. Eine alte, gelb-rot gestreifte Sorte ist 'Ruby Gold', rote Früchte tragen 'Delizia', 'Carazon', 'Luxor' und 'Vision'.

Cocktail-, Kirsch-, Cherry- und Rispentomaten sind sehr beliebt, weil sie sich im Vorbeigehen naschen lassen. Sie haben kleine Früchte an langen Fruchtständen, ihre Früchte leuchten rot ('Zuckertraube'), orange ('Ping Pong'), gelb ('Bianca') und schwarzrot ('Black Cherry'). Auch sie müssen ausgegeizt und angebunden werden. Ihre Früchte sind eher reif als die der Stab- und Fleischtomaten.

Busch-, Balkon- und Hängetomaten eignen sich gut für Töpfe auf Terrasse oder Balkon. Sie haben den Vorteil, dass sie nicht ausgegeizt werden müssen und nur 30–60 Zentimeter hoch werden. Hängetomaten haben lange, herunterhängende Triebe. Empfehlenswerte Sorten sind 'Balkonstar', 'Sweet Million' und 'Pendulina Red'. Als Topftomaten sind besonders geeignet die Cocktailtomate 'Siderno', die Buschtomate 'Lizzano', die Kirschtomate 'Micro Cherry' und die Mini-Buschtomate 'Pepolino'.

Bei Tomaten ist die Pilzkrankheit Braunfäule gefürchtet. Weitgehend resistent dagegen sind beispielsweise die Fleischtomate 'Corazon', die Stabtomaten 'Fantasio' und 'Vitella', die Buschtomate 'Lizzano' und die Hängetomate 'Sweet Million'.

GURKEN Die Gurke ist ein Gemüse, das unterschiedliche Vorlieben bedient. Der eine mag sie gern lang und schlank für köstliche Salate. Die andere erntet sie ganz klein und legt sie ein. Wer die Früchte rechtzeitig erntet, kann sie im Ganzen verwerten. Wer sie ausreifen lässt, schält sie und entfernt die Kerne – dann sind sie wunderbar als Schmorgurken oder süßsauer eingelegt.

Wer hingegen **Salat- oder Schlangengurken** bevorzugt, sollte am besten ein kleines Gewächshaus zur Verfügung haben. Diese Sorten sind kälte- und witterungsempfindlich. Sie schmecken besonders gut im Salat und lassen sich auch mit ihrer Schale verwenden. Eine empfehlenswerte Sorte ist beispielsweise 'Cordoba'.

Freilandgurken brauchen kein Dach über dem Kopf, sie haben eine härtere Schale. Empfehlenswerte Sorten sind 'Burpless Tasty Green', 'Darina', 'Silor' oder 'Sprint'. Minigurken wie 'Iznik' oder 'Green Fingers' werden bei einer Länge von 10–15 Zentimetern geerntet und lassen sich auch gut im Topf auf Terrasse und Balkon ziehen.

Ausgezeichnete **Senf- oder Schälgurken** liefern die Sorten 'Fatum' oder 'Delikatess'. Besonders als **Einlegegurken** beliebt sind die Sorten 'Diamant', 'Vorgebirgstrauben', 'Excelsior' oder 'Claudine'.

ZUCCHINI sind eng verwandt mit Kürbissen und haben den großen Vorteil, dass sie auch im Halbschatten wachsen. Wer Zucchini liebt, braucht nicht mehr als ein bis zwei Pflanzen, um eine reiche Ernte zu haben. Wie auch Tomaten und Gurken gehören Zucchini zu den Starkzehrern. Bei den Zucchini sind nicht nur die Früchte, sondern auch die Blüten schmackhaft. Sie lassen sich füllen und frittieren oder in einer Teighülle ausbacken. Wer Zucchinipflanzen hat, sollte sie ständig ernten: Bis in den Oktober hinein wachsen die Früchte. Sie sollten in einer Länge von 15–20 Zentimetern geerntet werden, dann schmecken sie am besten. Geschmort, in Suppen oder sogar Kuchen sind Zucchini schmackhaft, und wer von der üppigen Ernte überwältigt wird, kann die Früchte in Scheiben, Würfeln oder Raspeln gut einfrieren.

Die Sorten dieses Gemüses sind vielfältig. So hat „Diamant" die bekannten grünen Früchte, 'Black Forest' klettert im Gewächshaus wie im Freiland, 'Mirza' ist sehr widerstandsfähig und eignet sich besonders fürs Freiland. 'Orelia' und 'Gold Rush' haben gelbe Früchte, die Sorte 'Eight Ball' hat kleine grüne, 'One Ball' kleine gelbe Früchte.

KÜRBIS Riesige gelbe Kugeln mit eingeschnitzten Halloween-Gesichtern, in denen ein Licht brennt – so sind Kürbisse bekannt. Oder als „Armen-Ananas", Kürbisstücke vorzugsweise von Riesenkürbissen, die süß-sauer eingelegt werden und entweder sehr beliebt sind oder total abgelehnt werden. Erst in den letzten Jahren hat der Kürbis eine Renaissance erlebt und ist nicht nur zum Deko-Star, sondern auch zum beliebten Gemüse geworden. Der Kürbis ist schon lange bei uns zu Haus, Kolumbus hat die Pflanze aus dem Süden der USA und aus Mittel- und Südamerika nach Europa gebracht.

Um bei der Dekoration zu bleiben: Die vielen Sorten der meist kleinen Zierkürbisse bestechen durch ihre Farben und Formen, eignen sich aber nicht für den Verzehr. Die jährlichen Halloween-Gesichter werden gern in Riesenkürbisse geschnitzt.

Kürbisse wachsen gern in der Nähe von Kompost und vertragen Halbschatten gut. Eine Ausnahme sind die Moschuskürbisse, die volle Sonne brauchen. Die Pflanzen brauchen viel Platz: Kleine, buschig wachsende Sorten brauchen etwa einen Quadratmeter um sich herum, Riesenkürbisse das doppelte. Die langen Ranken vieler Kürbissorten gehen gern in Hecken und auf Bäume, das kann die Ernte schon mal erschweren.

Es gibt eine Reihe von Speise-Kürbissorten, die nicht nur interessante Formen und Farben haben, sondern auch gut schmecken. Aus ihnen lässt

Hier isst das Auge mit: Interessante Farbspiele sind auch im Gemüsebeet möglich. Die Gurke rankt an lila gefärbten Rankstäben in die Höhe, die Naschpaprika nimmt die Farbtöne auf.

In Reih und Glied: Auf der alten Natursteinmauer kommen die Kürbisse gut zur Geltung. Kürbisse sind die Früchte, die den Herbst zum Leuchten bringen und sich bei richtiger Lagerung bis in den Winter halten. Es gibt sie in vielen Sorten, die Ziersorten unter ihnen sind nicht essbar. Kürbisse sind immer ein Hingucker, ob auf der Mauer oder einer anderen exponierten Stelle, an der sie ihre Leuchtkraft zeigen können.

sich von Suppe bis Marmelade viel Schmackhaftes herstellen. Dazu gehören die **Sommerkürbisse,** die buschartig wachsen. Zu ihnen gehören Gartenkürbisse *Cucurbita pepo* wie Patissons, die auch fliegende Untertassen genannt werden, Spaghettikürbisse und Delicata-Sorten, die laufend im Sommer jung und in unreifem Zustand geerntet werden können.

Die **Winterkürbisse** haben lange Ranken, die stark wachsen und gern die Hecke in der Nähe erobern. Sie werden geerntet, wenn die Schale hart und der Stiel holzig ist. Wenn sie bei Frostbeginn noch nicht ganz reif sind, können sie an einem warmen Ort nachreifen und dann bei 10–15 Grad einige Wochen lagern. Zu den Winterkürbissen gehören die Riesenkürbisse *Cucurbita maxima* 'Gelber Zentner' oder 'Roter Zentner'. Auch die Hubbards und Buttercups gehören hierher und natürlich der sehr beliebte Hokkaido, der vor seiner Verarbeitung nicht geschält werden muss.

Moschuskürbisse *Cucurbita moschata* sind hervorragende Speisekürbisse, brauchen allerdings viel Sonne und Wärme. Wegen ihrer vielen Formen und Farben sind sie auch als Dekorationsobjekte beliebt. Am bekanntesten sind die Butternuts 'Early Butternut' oder 'Hunter', sie haben ein nussartiges Aroma, das orangefarbene Fruchtfleisch hat einen hohen Carotingehalt.

KOHL UND KRESSE
NACH DER ERNTE IST VOR DER ERNTE

Im Gemüsegarten herrscht ständiges Kommen und Gehen. Gemüse wird reif, wird geerntet und hinterlässt Lücken im Beet, auf das Samen oder nachwachsende kleine Pflänzchen schon warten. Im Herbst werden die Böden noch einmal gelockert oder die schweren Lehmböden umgegraben. Wer seine Beete für die Ernte im nächsten Jahr vorbereiten möchte, kann auf abgeerntete Flächen im September Gründüngerpflanzen wie Bitterlupine, Gelbsenf, *Phaecelia* (Bienenfreund) oder Ölrettich aussäen. Die Pflanzen erfrieren beim ersten Frost, bleiben aber auf den Beeten stehen und werden erst im Spätwinter flach eingegraben. Bis zum Frost haben sie Nährstoffe gebunden und mit ihren Wurzeln den Boden aufgeschlossen. Die Schmetterlingsblütler unter ihnen wie Lupinen haben Stickstoff aus der Luft geholt, der ebenfalls beim Einarbeiten in den Boden abgegeben wird. Besonders empfehlenswert ist die Aussaat von Gründünger vor der Anlage von Beeten um Neubauten, denn hier ist der Boden oft von Baumaschinen verdichtet.

Wer auf das Gemüse aus dem Garten auch in Herbst und Winter nicht verzichten will, kann ab September noch eine Menge ins Beet säen oder pflanzen – durchaus auch in Kombination mit Gründünger oder Tagetes und Ringelblumen. Hier ein paar Beispiele:

SAAT INS BEET Bis Mitte September kann **Feldsalat** gesät werden. Vor der Aussaat den Boden etwas andrücken, dann in ein Zentimeter tiefe Reihen säen. Spezielle Sorten für den Herbst- und Winteranbau sind 'Elan', 'Juwabel'. Die Sorten 'Vit', 'Gala', 'Favor' und 'Jade' können auch schon im Spätsommer gesät werden und zeichnen sich durch Mehltauresistenz aus. Solange das Wetter es zulässt, kann **Kresse** gesät werden. Die Blätter können schon nach zwei bis drei Wochen geerntet werden und enthalten viel Vitamin C. **Radieschen** können noch bis Mitte September gesät werden, wenn das Beet in der Sonne liegt. Für die späte Aussaat sollten schnell wachsende Sorten wie 'Rudi', 'Lucia', 'Cyros', 'Flamboyant' oder 'French Breakfast' verwandt werden.

Der Herbst ist die große Zeit von **Rucola**. Die Sorten 'Juno', 'Runway' oder 'Sperlings Speedy' sind Kreuzungen zwischen wilder Rauke und Salatrauke und nach sieben Wochen erntereif. Rucola eignet sich auch gut für Balkonkästen. Wer sie in Töpfe sät, kann sie bei Frost hereinholen und im Wintergarten oder auf der hellen Fensterbank auch noch im Winter ernten. Auch auf die zarten Blätter des **Schnittsalates** muss niemand im Herbst verzichten: Die Sorten 'Gelber Runder' oder 'Hohlblättriger Butter' können noch bis Mitte September gesät werden – an besten in Boden ohne Düngerzusatz.

Und dann der **Spinat**. Wird er im September gesät, kann er im November geerntet werden. Wer später aussät, sorgt für eine Ernte im Frühjahr. Spinat braucht durchlässigen Boden, bei „nassen Füßen" faulen seine Wurzeln. Mehltauresistente Sorten sind 'Dolphin', 'Lazio', 'Sharan', 'Matador'

Rhapsodie in Blau und Grün: herbstliches Gemüsebeet mit Grünkohl, Porree und Fenchel, gerahmt von Herbstastern. Die Rosen im Hintergrund setzen einen roten Farbtupfer.

Im Herbst ist der Gemüsegärtner froh, wenn er einen Teil seiner Schätze ins Gewächshaus retten kann. Ein besonders schönes Exemplar ist dieses viktorianischen Vorbildern nachempfundene Exemplar; im Vordergrund ein Alliumbeet.

oder 'Tarpy'. Die Sorte 'Bordeau' besticht durch ihre leuchtend roten Stiele. Im Herbst wird auch **Winterportulak** gesät. Das Blattgemüse kommt aus Nordamerika und ist bei uns zu Unrecht wenig bekannt. Die saftigen Blätter können roh oder gekocht gegessen werden und sind sehr gesund.

PFLANZEN INS BEET Bis Mitte September werden Pflanzen von **Eissalat** und **Kopfsalat,** zum Beispiel 'Winter Butterkopf' oder 'Winter Density' ins Beet gepflanzt.

Bis Mitte Oktober kommen winterharte Zwiebeln ins Beet, zum Beispiel **Winterheckzwiebeln** oder **Knoblauch.** Auch winterharte **Steckzwiebeln** werden jetzt gepflanzt, 'Presto', 'Silvermoon' oder 'Red Cross' eignen sich gut. Die Etagenzwiebeln *Allium × proliferum* übrigens liefern den ganzen Winter über schmackhaftes Zwiebellaub für die Küche.

Kräuter Wer auf seine Kräuter auch in der kalten Jahreszeit nicht verzichten will, zieht Rosmarin, Salbei, Thymian und Zitronenmelisse in Töpfen, die bei Frostgefahr ins geheizte Gewächshaus, in den Wintergarten oder auf die helle Fensterbank geholt werden können. Wer das ganze Jahr hindurch Schnittlauch haben möchte, der sticht kleine Stücke von seiner Beetpflanze ab und setzt sie in Töpfe. Wenn das Grün abgetrocknet und eingezogen ist, kann man je nach Bedarf einen Topf ins Haus holen, antreiben und ernten.

Bärlauch, Waldmeister und Süßdolde sind Kaltkeimer und werden im Oktober ins Freie gesät, sie brauchen niedrige Temperaturen, um im Frühjahr zu keimen. Wer diese Kräuter schon im Garten hat, braucht nicht zu säen: Alle drei verbreiten sich gut von allein.

Gewächshaus Wer im Freiland auch im Winter oder bei Frost ernten möchte, der deckt seine Saaten mit Vlies ab oder übertunnelt sie.

In einem unbeheizten Gewächshaus kann man Gemüse bis Ende September säen und pflanzen. Pflücksalat beispielsweise ist dann im Oktober/November erntereif. Auch Chinakohl, Kohlrabi oder Stielmangold lassen sich hier noch im September pflanzen und Asia-Salate aussäen. Im Oktober werden hier Feldsalat und Spinat für die Winter- und Frühjahrsernte gesät, im November Rucola, Kresse und Winterportulak.

Obst Ab Oktober können Obstbäume gepflanzt werden. Wer seinen Lieblingsapfel, Süßkirsche oder Birnbaum pflanzen möchte, sollte gut über den richtigen Platz nachdenken. Unter den Bäumen, die ausgewachsen eine Fläche von 10 mal 10 Metern beschatten, wachsen viele Stauden, die mit Halbschatten zurechtkommen.

Gemüse aber verträgt es nicht, beschattet zu werden, deshalb sollten Sie besser keine Obstbäume in den Gemüsegarten setzen. Spalierobst ist die Ausnahme von dieser Regel; es braucht wenig Platz und liebt zum Beispiel sonnige Wände.

ERNTEN UND KONSERVIEREN
EIN PAAR TIPPS

Der September ist der Monat der Ernte. Von B wie Bohnen bis Z wie Zwiebeln kann der Gemüsegärtner jetzt die Früchte seiner Arbeit aus dem Garten holen, um sie für den Winter zu konservieren. Das, was nicht direkt zur Erntezeit im Frühjahr und Sommer geerntet wurde, wartet jetzt auf Keller und Küche – wenn es gesund und unbeschädigt ist. Ob in Regalen, Einweckgläsern, Twist-off-Gläsern, der Tiefkühltruhe oder in Sandkisten – der Gärtner wird zum hamsterartigen Wesen und sammelt für den Winter das Beste aus seinen Beeten.

Wie aus welchen Früchten Marmelade gemacht wird, was eingekocht werden kann oder wie Gemüse zum Einfrieren vorbereitet wird, das findet sich in Rezeptbüchern oder im Internet. Daneben sei an die älteste Konservierungsmethode für Obst – das Dörren – erinnert, das Ergebnis ist immer noch sehr schmackhaft. Gekochte Rote Bete und grüne Bohnen sowie Gurken und Kürbisse können in Essig eingelegt werden. Früchte und ihr Saft können mit Zucker aufgekocht zu Saft, Gelees und Marmeladen verarbeitet werden. Und natürlich kann eingeweckt werden, wenn die nötigen Gerätschaften vorhanden sind. Eingewecktes Obst und Gemüse hat allerdings seinen Vitamingehalt verloren.

Wer Platz im kühlen, nicht zu trockenen Keller hat und gern mal im Winter hinabsteigt wie die Witwe Bolte bei Wilhelm Busch, der kann viele seiner Gemüse einlagern.

Hier ein paar Tipps zu Ernte und Einlagerung:
- Frostempfindliche Gemüse müssen spätestens im Oktober geerntet werden. Dazu gehören Kartoffeln, Zwiebeln, Radieschen, Bohnen.
- Gemüse wie Möhren, Rote Bete, Petersilienwurzeln, Kopf- und Eissalat vertragen erste Bodenfröste – mehr aber nicht, dann sollten auch sie geerntet werden.
- Die letzten Tomaten werden vor dem ersten Frost geerntet und können, wenn sie noch grün sind, in einer dunklen Tüte warm aufbewahrt werden, dort reifen sie nach. Wer das mag, kann sie auch grün zu Marmelade oder Chutney verarbeiten.
- Möhren, Rote Bete, Rettiche und Wurzelpetersilie können gut in einem dunklen, kühlen Raum aufbewahrt werden. Dazu eine Kiste mit Folie ausschlagen und mit Sand füllen, das Gemüse in Schichten einlagern und mit einer dicken Schicht Sand bedecken.
- Chinakohl, Zuckerhut (Romanasalat) und Lauch können in Zeitungspapier gewickelt werden und aufrecht locker in großen Kisten an einem kühlen Ort lagern. Wenn sie zum Verzehr hervorgeholt werden, sind die äußeren Blätter eingetrocknet, das Innere jedoch ist frisch und knackig.
- Endivien, Weißkohl, Rotkohl und Zuckerhut/Romana können auch am Strunk kopfüber an einer Leine aufgehängt werden; ein luftiger und kühler Platz ist für diese Aufbewahrung wichtig.

Ernten und Konservieren ist eine Variante der Gartenlust, die im Herbst ihren großen Auftritt hat. Diese Ernteauswahl aus dem herbstlichen Gemüsegarten ist schon vor der Verarbeitung ein Augenschmaus.

Birnen und Birnenquitten im wunderschönen Holzbehälter: Die einen lassen sich sofort essen, die anderen müssen erst bearbeitet werden.

- Reife Kürbisse sollten nicht gestapelt und vor Druckstellen geschützt werden. Sie werden vor dem Frost geerntet und können an einem dunklen und trockenen Ort lagern und nachreifen.
- Rosenkohl und Grünkohl nicht vor dem ersten Frost ernten – beide Gemüse schmecken besser, wenn sie Frost gehabt haben.
- Obst (Äpfel, Birnen, Pflaumen) bis Mitte Oktober ernten. Bei Äpfeln und Birnen erkennt man, ob sie reif sind, wenn sie sich leicht mit Stiel vom Ast abdrehen lassen und wenn die Kerne im Innern eine braune Farbe haben. In kühlen Räumen begrenzt lagerfähig auf Obstregalen oder -steigen sind Äpfel und Birnen, je nach Sorte unterschiedlich lange.

Bei aller Lust an einem üppigen Garten gibt es auch das andere: den Schrecken und das Gefühl der Überforderung angesichts einer Ernte, die die Mägen auch einer großen Familie überfordert, alle Lagermöglichkeiten sprengt und unbedingt Urlaub verlangt, um alles verarbeiten zu können. In solchen Fällen sei daran erinnert, dass Gemüse auch mal ausschießen und einfach nur schön aussehen darf. Oder daran, dass es viele nette Leute gibt, die sich über eine Beteiligung an der Fülle freuen.

Der eine stellt eine Kiste mit schönen Äpfeln oder prächtigen Zucchini an den Weg mit einem Hinweis: „Bedienen Sie sich!" Die andere nimmt eine große Schale voller Obst oder eine Kiste voller Tomaten, Paprika und Zucchini mit zur Arbeit, stellt sie für alle zugänglich auf und informiert die Kollegen, dass sie sich bedienen können. So kann der Überschuss eine menschenfreundliche und kommunikative Funktion bekommen.

SAMEN Wer Freude daran hat, der kann nicht nur Früchte, sondern auch Samen für die Aussaat im nächsten Frühjahr ernten. Das geschieht am besten zu der Zeit, in der die Samenstände trocken sind und der Samen in der Hülle raschelt. Samen sollten nur bei trockenem Wetter und von gesunden Pflanzen geerntet werden. Bei Samen von sogenannten F1-Hybriden, egal, ob Blumen oder Gemüse, bekommt man im nächsten Jahr nur das Elternpaar und nicht mehr die gewünschte Hybride – das lohnt sich also nicht.

Das Samensammeln macht Spaß bei roter Melde, Fenchel, Dill, Borretsch, Rauke, Ringelblumen, Kapuzinerkresse oder Feuerbohnen. Auf diese Weise kann man regionale Sorten, Raritäten oder auch die Pflanzen, die im eigenen Garten besonders gut wachsen, vermehren. Auch Samen aus Tomaten lassen sich einfach gewinnen, sie müssen nur aus der gallertartigen Masse gelöst und getrocknet werden.

Die trockenen Samen am besten in Tüten füllen, mit Sortennamen und Jahr beschriften und trocken lagern. Im Handel erhältliche Teebeutel eignen sich gut dafür.

KOMPOST
DAS GOLD DES GÄRTNERS

Für passionierte Gärtner gibt es besonders im Herbst eine spezielle Wonne: den Komposthaufen. Seine Schönheit erschließt sich dem, der nach dem Umsetzen die dunkelbraune, krümelige Erde durch die Hand rieseln lässt und den erdigen Duft einatmet. Das ist Futter für die Beete. Das ist mindestens so gut wie ein Kellerregal voller Marmeladengläser nach einer Einkochschlacht.

Der Kompost in seinem engen Kasten kann zum weiten Feld für seine Liebhaber werden, denn sein Futter ist in jedem Garten anders. Kompostfreaks, die diese Ungewissheit schwer ertragen, haben in ihrem Garten Behälter für Eichenblätter, Rasensoden, Strauchschnitt, Kiefernnadeln, Küchenabfälle und was noch so anfällt. Schön säuberlich getrennt. Dann wird Temperatur gemessen, die Wasserzufuhr kontrolliert, der pH-Wert überprüft und der Kompostwurmbestand aufgenommen. Die Krönung ist eine teure Bodenanalyse. Art und Funktion verschiedenster Behälter ist ein weiteres umfangreiches Thema. Der Kompost bietet viel Spielraum für erdige Leidenschaften. Wer einfach nur seinen Kompostkasten in einer Ecke hat, der muss vor allem wissen, dass guter Kompost aus unterschiedlichem organischen Material, Feuchtigkeit und ausreichender Sauerstoffzufuhr entsteht.

MATERIAL Kompost besteht in seiner Summe aus Humus, aus Dünger, der an organische Substanzen gebunden ist, und aus Biolebewesen,

Hingucker und Fragezeichen: Ist es ein Kompostbehälter, ist es keiner? Form und Farbe machen ein sonst eher verstecktes Behältnis zu einem Schmuckstück im Gemüsegarten.

die organische Substanzen aufschließen. Das macht ihn so wertvoll. Bis es soweit ist, werden Bioabfälle aus der Küche wie die Schalen von Kartoffeln, Möhren, Eiern und andere ungekochte Gemüsereste, Kaffeesatz, Teeblätter, Obstabfälle auf den Kompost gebracht. Gekochtes, Essensreste oder Fleisch dagegen haben hier nichts zu suchen, diese Substanzen ziehen unter anderem unerwünschtes Ungeziefer an. Auch größere Mengen von Apfelsinenschalen oder ausgepressten Zitronen besser nicht auf den Kompost bringen.

Der Garten liefert die größte Menge Material für den Kompost. Rasenschnitt, Fallobst, abgeschnittene Stauden oder einjährige Pflanzen, Laub von Gemüse oder Bäumen, kleine Zweige und Äste, verblühte Balkon-, Schnitt- oder Topfpflanzen, gejätete Kräuter – all das findet Platz auf dem Kompost. Die Erde, die an den Wurzeln der entsorgten Pflanzen haftet, ist ebenfalls im Kompost willkommen.

Aufpassen sollte man bei samentragenden Wildkräutern, die sich im nächsten Jahr in ungeahntem Ausmaß über den Kompost im Garten vermehren können. Das Gleiche gilt für Wurzelwildkräuter wie Ackerwinde, Giersch oder Quecke. Auch wer Pflanzenteile abschneidet, die von einer Krankheit befallen sind, sollte den Schnitt lieber über die Biotonne entsorgen. Die werden an Kompostanlagen geliefert, die durch große Mengen hohe Temperaturen entwickeln und den Unkräutern und Krankheiten so den Garaus machen.

Kompost ist organischer Dünger, dessen Zusammensetzung je nach Inhalt variiert. Wer in etwa über die Zusammensetzung seines Gärtnergoldes Bescheid wissen möchte, sollte bedenken, dass Grünes wie Rasenschnitt vor allem reich an Stickstoff ist, Früchte und Obst viel Phosphor enthalten und der Strauchschnitt und alles Hölzerne die Komponente Kalium hineinbringen. Kompost kann im Spätwinter oder im zeitigen Frühjahr auf Beete und auch Rasen gebracht werden. 2–5 Liter auf einen Quadratmeter reicht für Beete, das ist eine Schicht von 2–5 Millimeter. Mehr ist eher kontraproduktiv, der Stickstoff wird dann ausgewaschen und belastet das Grundwasser. Besser ist, die Starkzehrer unter den Pflanzen wie Kürbis, Kohl oder Prachtstauden zusätzlich gezielt mit Stickstoff (Hornspäne oder Kalkammonsalpeter) zu versorgen, allerdings in einer geringeren Dosis als empfohlen, weil auch Kompost Stickstoff enthält (s. Tomate, Kürbis & Co.).

STRUKTUREN Ist das Material für den Kompost sehr grob, dauert es (zu) lange, bis der Kompost reif ist. Grobes Material deshalb entweder mit einer Schere kleinschneiden oder schreddern.

Sehr feines Material wie Rasenschnitt oder Küchenabfälle sollten dagegen mit gröberem Material gemischt werden, damit es wegen Sauerstoffmangels nicht fault. Wer gerade kein grobes Material nach dem Rasenmähen zur Hand hat, kann den Schnitt dünn ausbreiten und antrocknen lassen, bis wieder gemischt werden kann Kompost stinkt nicht. Er ärgert die Nase nur, wenn er falsch behandelt wurde. Nasser Kompost, zu dicht gepackt, ohne lockeres Strukturmaterial dazwischen, bekommt zu wenig Sauerstoff, fängt an zu faulen und riecht sehr unangenehm Zu trocken mag es der Kompost auch nicht. Wird er bei warmem, trockenem Wetter mit ausschließlich trockenem Material aufgesetzt, kommt es zur Pilzbildung und der Kompostierungsprozess wird behindert. In solchen Fällen muss er mit Wasser begossen werden, um zu funktionieren Als erste Schicht eines neuen Kompostes sollte grobes Material (Strauchschnitt, Staudenschnitt) gelegt werden, dann sind Sauerstoffzufuhr und Wasserablauf garantiert.

BEHÄLTER Ein Kompost kann zu jeder Jahreszeit angelegt werden, das meiste Material fällt von März bis Oktober an. Er kann offen in Mieten, in offenen Behältern aus Holzlatten, Drahtgeflecht oder Weidengeflecht oder in geschlossenen Tonnen aus Kunststoff aufgesetzt werden.

Ein offener Kompost sollte auf gewachsener Erde, also dem naturbelassenen Gartenboden oder auf Rasengittersteinen stehen. So ist garantiert, dass Springschwänze oder Regenwürmer von unten einwandern können. Stellen sich diese Helfer ein, hat der fertige Kompost eine besonders feine, krümelige Konsistenz. Auch sollte der Kompost nicht höher als 1,50 Meter geschichtet werden, damit er sich nicht zu sehr verdichtet.

REIFE Je öfter ein Kompost umgesetzt wird, umso besser ist das Endergebnis. Einmal allerdings sollte unbedingt das Oberste nach unten geschichtet werden, nach drei bis sechs Monaten. So wird nicht nur das Material gut gemischt, auch der nötige Sauerstoff gelangt so in den Kompost. Bis zur Reife braucht ein Kompost sechs bis zwölf Monate, je nach Material und der Temperatur, die sich entwickelt.

Ob ein Kompost reif ist, erkennt man an der krümeligen Struktur und einem guten Erdgeruch. Sind noch zu viele holzige Teile erhalten, kann er gesiebt werden: entweder mit einem speziellen Rahmen oder mit einem alten Kartoffelkorb aus Draht. Die holzigen Teile werden auf einen anderen, noch nicht fertigen Komposthaufen gegeben, das nächste Mal sind auch sie verrottet.

Dem Kompost tut es gut, wenn ab und zu mal eine dünne Schicht Gartenerde auf ihm verteilt wird. Die Tonmineralien der Gartenerde werden von den Regenwürmern und anderen Mikroorganismen in begehrten Dauerhumus umgewandelt. Ist der Komposthaufen fertig aufgesetzt, wird er bis zum Verteilen auf Beeten und Rasenflächen mit Erde, Stroh, Jute oder perforierter Folie abgedeckt, damit er nicht zu nass wird.

Reifer Kompost ist das Gold des Gärtners. Er enthält alle wichtigen Nährstoffe wie Stickstoff, Phosphor, Kalium und Magnesium, dazu Calcium und Spurenelemente.

WAS IST WAS?
GARTENBODEN, HUMUS UND MULCH

Was ist Gartenboden, was Kompost, Humus und Mulch? Und wie wird das Material verwendet? Besonders diejenigen, für die der Garten Neuland ist, sind verwirrt. Nicht zuletzt deshalb, weil die Begriffe auch manchmal unsachgemäß benutzt werden.

Der Kompost wurde schon vorgestellt. Hier folgt eine kleine Begriffsklärung von Gartenboden, Humus und Mulch, die versucht, komplizierte Zusammenhänge so auf den Punkt zu bringen, dass auch der Neuling damit umgehen kann.

GARTENBODEN Der Gartenboden, auch Mutterboden oder Oberboden genannt, besteht aus stark verwitterten mineralischen, also anorganischen Teilchen, Humus (s. u.), Bodenlebewesen, abgestorbenen Pflanzenwurzeln, Luft und Wasser.

50 Prozent des Gartenbodens besteht aus fester Substanz. Diese enthält vorwiegend feinkörniges mineralisches Material (85 Prozent). Die restlichen 15 Prozent sind Bodenlebewesen, abgestorbene Pflanzenwurzeln und Humus.

Der Anteil an Humus liegt bei guten Gartenböden bei 3–4 Prozent, bei Sandböden 2–3 Prozent. Tonböden sollten einen Humusanteil von 5 Prozent haben. Der Humusanteil im Gartenboden wird ständig abgebaut und muss ersetzt werden. Das geschieht von allein durch Blätter und

Wenn der Heckenschutz nicht reicht: Aparte Windschutzhauben bewahren empfindliche Pflanzen vor dem Biss kalter Winde.

Pflanzen, die abgestorben sind und im Herbst nicht entfernt werden, und durch Zugabe des Gärtners, zum Beispiel durch Kompost. Je nachdem, wie klein die mineralischen Teilchen des Oberbodens sind, spricht man von Sand-, Schluff-, Lehm- oder Tonböden. Sand hat die gröbsten mineralischen Anteile, Ton die feinsten, am meisten verdichteten. Die jeweilige Beschaffenheit ist für die Fähigkeit verantwortlich, Wasser und Nährstoffe zu speichern, auch die Durchlüftung hängt von der Dichte des Bodens ab.

Ein normaler Gartenboden enthält pro 100 g etwa 13 mg Stickstoff (N), 5–12 mg Phosphor (P) und 3–6 mg Magnesium (Mg). Der Kaliumgehalt (K) ist abhängig von der Bodenart: Sandige Böden enthalten 9–12 mg, lehmige Böden 3–6 mg Kalium. Dazu kommen Nebennährstoffe wie Calcium (Kalk) und Schwefel sowie Spurenelemente (Bor, Eisen, Zink, Kupfer, Mangan, Zink, Molybdän).

Hinweis: Gartenböden, die schon länger bebaut werden, enthalten mehr als ausreichend alle Stoffe, die Pflanzen zum Wachsen und Reifen brauchen, und brauchen keinen Dünger. Ausnahme ist der Stickstoff: Er wäscht sich mit dem Regen aus. Als zusätzlicher Dünger ist also nur etwas Stickstoff nötig, und das auch eher bei Starkzehrern unter den Pflanzen (z. B. Prachtstauden, Kohlsorten). Am besten die empfohlenen Mengen abwiegen – zu viel Stickstoff produziert hoch wachsende, nicht standfeste Stauden und wässriges Gemüse.

HUMUS Als Humus wird die Gesamtheit aller abgestorbenen organischen Bodensubstanz bezeichnet. Humus entwickelt sich langsam und ist das Ergebnis vieler kleiner Helfer. Abgestorbene Pflanzenteile werden durch Bodenlebewesen zerkleinert und durch Mikroorganismen humifiziert (abgebaut). Humus enthält also immer Kohlenstoff (C) und je nach Ausgangsmaterial auch Stickstoff (N), Phosphor, Kalium, Magnesium, Calcium und anderes. Je nachdem, welches Ausgangsmaterial abgebaut wird, hat Humus je eine eigene Zusammensetzung. Bei Blättern von Laubbäumen beispielsweise werden viele Humine und Huminsäuren freigesetzt, die dem Humus eine schwarze Färbung geben. Humus von abgeworfenen Nadeln, Ästchen von Nadelbäumen hingegen sieht rötlich aus und enthält Fulvosäure. Solange diese Säuren noch im Humus enthalten sind, reagiert er sauer.

Am besten können die Bodenhelfer arbeiten, wenn genug Luft, Wärme und Feuchtigkeit mitspielt. Bei Kälte, Nässe und mangelndem Sauerstoff bleibt zu viel Säure, es kommt zur Fäulnis statt zur Humusbildung. Je nach Zersetzungsgrad werden drei Humusformen unterschieden:

Rohhumus Er ist unvollständig zersetzt und besteht meist aus nassen Schichten von Pflanzenresten, die noch gut erkennbar sind. Er ist sauer, es gibt kaum Bodenorganismen und Regenwürmer, Sauerstoff fehlt, er zersetzt sich nur sehr langsam. Im Garten lässt er sich noch nicht verwerten – er enthält zu viel gebundenen Kohlenstoff und zu wenig Stickstoff.

Moder Auch hier sind die organischen Substanzen von Pflanzen nur wenig zersetzt und Bodenlebewesen und Regenwürmer gibt es eher wenig. Moder lässt sich im Garten verwerten, macht aber den Boden sauer.

Mull Hier sind die organischen Substanzen zersetzt, es ist ein günstiges Verhältnis von Kohlenstoff und Stickstoff entstanden, die Reaktion ist basisch. Mull ist ideal für den Garten.

MULCH Unter Mulchen versteht man das großflächige Bedecken des Bodens. Es soll verhindern, dass der Boden austrocknet, verschlämmt oder verkrustet und Unkraut aufwachsen kann. Mit Mulchen soll eine ausgeglichene Bodentemperatur erreicht werden.

Gemulcht wird mit anorganischem Material wie Kies oder Splitt oder im Gemüsegarten mit Pflanzfolie. Anorganischer Mulch ist nährstofffrei. Die verbreiteteste Methode des Mulchens ist die mit organischem Material.

Mulch aus organischem Material kann aus Gartenabfällen, Stroh, Rasenschnitt, Laub, Rinde von Nadelbäumen (Rindenmulch), oder auch Kakaobohnen bestehen und enthält je nach Ausgangslage mehr oder weniger Stickstoff und andere Nährstoffe, die unterschiedlich schnell freigesetzt werden. Das grobe Material wird nach und nach zu Humus umgebaut.

Mulch von Gartenabfällen ist zwischen Stauden und im Gemüsebeet empfehlenswert. Die Blätter beispielsweise von Rhabarber oder die äußeren Blätter von gesundem Kohl verhindern im Sommer den Feuchtigkeitsverlust, es muss weniger gegossen werden. Auch Rasenschnitt in kleinen Mengen, Stroh oder Staudenschnitt eigenen sich gut zum Mulchen von bepflanzten Beeten. Wer mit diesen Materialien mulcht, sollte wissen, dass alles Grüne Stickstoff an den Boden abgibt und dass Material wie beispielsweise Rasenschnitt nur in sehr dünnen Schichten verwendet werden sollte, sonst wird die Sauerstoffzufuhr zum Boden behindert.

Grober Mulch wie Rindenhäcksel enthält zu viel Kohlenstoff und zu wenig Stickstoff. Mikroorganismen fehlen und das Material bindet den im Boden befindlichen Stickstoff zusätzlich, sodass er für die Pflanzen fehlt. Wird er zu dick aufgetragen, fehlt dem darunter liegenden Boden Sauerstoff, dadurch werden Bodenlebewesen im Wachstum gehemmt oder getötet.

Rindenmulch von Nadelbäumen sollte mindestens drei Monate abgelagert sein, damit toxisch wirkende Stoffe der Rinde und des Baumharzes abgebaut sind. Pflanzen in der zu mulchenden Fläche müssen zusätzlich mit Stickstoff versorgt werden. Wer große Flächen mit Rindenmulch bedecken will, sollte wissen, dass Schnecken sich in dem Material besonders wohlfühlen.

Mulch von Kakaobohnen hat zwar viele Nährstoffe, die langsam freigesetzt werden und den Boden lockern, aber er macht den Boden alkalisch – dieses Milieu mögen nur wenige Pflanzen. Verwendet man ihn, darf er nur in dünner Schicht (ca. 0,5 cm) aufgetragen werden.

DAS IST DER WINTER

Drei Monate hat er uns und den Garten im Griff: der Winter. Gärtner lieben ihn nicht so besonders. Wenn der Winter sanft ist, kann immerhin im Garten noch einiges erledigt werden. Kommt er mit Frost und Schnee, gibt es eine Zwangspause, die nicht jeder mag.

Auch beim Winter gibt es drei Möglichkeiten, die Jahreszeit zu definieren. Die Meteorologen ordnen den Jahreszeiten volle Monate zu. Bei ihnen beginnt der Winter am 1. Dezember und endet am 1. März. Der astronomische Winter beginnt etwas später mit der Wintersonnenwende. Das ist bei uns am 21. oder 22. Dezember, am kürzesten Tag des Jahres. Er endet mit der Frühlings-Tag-und-Nacht-Gleiche am 20. oder 21. März, wenn die Sonne auf Höhe des Äquators steht.

Der phänologische Winter dauert ebenfalls drei Monate. Anders als die anderen phänologischen Jahreszeiten wird er nicht aufgeteilt. Er beginnt, wenn die Bäume ihr Laub abgeworfen haben (bis auf die, die ihr braunes Laub bis zum Austrieb im Frühjahr behalten) und das Wintergetreide auf den Feldern grüne Spitzen zeigt. Ansonsten herrscht weitgehend Vegetationsruhe – von etwa Ende November/Anfang Dezember bis Mitte/Ende Februar, bis sich Schneeglöckchen und Haselblüte des Vorfrühlings zeigen.

Haben Astronomen und Meteorologen vier Jahreszeiten bestimmt, gehen Phänologen von insgesamt zehn aus: Drei Frühlingszeiten (Erstfrühling, Vorfrühling, Vollfrühling), drei für den Sommer (Frühsommer, Hochsommer, Spätsommer) und drei für den Herbst (Frühherbst, Vollherbst, Spätherbst). Nur der Winter hat keine Unterteilung. Er ist die Jahreszeit der Ruhe, des Luftholens, des Kräftesammelns.

Am besten ist es, wenn unruhige Gärtner sich daran erinnern und es machen wie ihr Garten: Sie machen Pause. Oder sie nutzen die Ruhe und planen für das kommende Gartenjahr. Strukturen können überdacht und Schwachstellen genauer angesehen werden. Zum Beispiel in die Jahre gekommene Beeteinfassungen oder Pergolen, aus dem Leim gehende Wegbegrenzungen, Bäume und Sträucher, die zu viel Platz beanspruchen. Wer im Vorjahr Fotos von Schönem und weniger Gelungenem gemacht hat, ist jetzt gut dran. Der sieht, dass auf scheinbar kahlen Flächen demnächst eine Menge wachsen wird. Oder dass die eine oder andere Pflanze umgesetzt werden müsste, weil wir die Höhe falsch eingeschätzt haben.

Wer körperliche Betätigung braucht, geht am besten in seine Werkstatt oder seinen Keller, überprüft seine Gartengeräte, produziert Schilder für seine Pflanzenschätze oder baut Vogelhaus und Nistkasten.

Der Winter will entdeckt werden – als Jahreszeit der Ruhe und Kreativität, in der die Lust am Garten und die Vorfreude unter der inneren und äußeren Schneedecke langsam, aber beständig wachsen. Und zwischendrin kann der Gärtner mal nachgucken in seinem Wintergarten, vielleicht entdeckt er Überraschendes.

Wie von Puderzucker überstäubt: Hat ein Garten interessante Strukturen, ist er auch im Winter sehenswert.

IMMERGRÜN UND WINTERKAHL
GEPFLANZTE SCHÖNHEITEN AUCH FÜR DEN WINTER

BLÜTEN IM WINTER Wenn der winterliche Garten nicht unter einer dicken Schneedecke verschwindet, zeigt er uns eine Menge kleiner Schönheiten am Boden. Zum Beispiel die ersten Winterlinge *Eranthis hyemalis*, die Schneeheide *Erica carnea* oder die frühblühenden Alpenveilchen *Cyclamen coum*. Auch die weißen Spitzen der Schneeglöckchen und die frühen Krokusse sind zu erkennen – wenn sie auch noch eine Weile bis zur Blüte brauchen. Die Lenzrosen *Helleborus orientalis* und andere Sorten zeigen ihre ersten Blüten, von weiß über grün bis rosa und dunkelrot.

Die wunderbaren winterblühenden Sträucher im Garten lassen sich weder von Schnee noch von Frost groß beeindrucken. Sie blühen, dass es eine Art hat, und sie duften umwerfend. Allerdings muss man sich auf den Weg machen, um diese Schönheiten zu sehen und zu riechen: Aus der Ferne wirken sie eher unscheinbar.

Zu den winterlichen Duftfeuerwerken gehören die Chinesische Winterblüte *Chimonanthus praecox* und natürlich die Zaubernuss *Hamamelis mollis*. Auch die winterblühenden Schneebälle zeichnen sich durch ihren Duft aus, dazu gehören *Viburnum farreri*, *Viburnum bodnantense* und der immergrüne *Viburnum tinus*, der allerdings Temperaturen unter 10 Grad nicht gut ungeschützt verträgt. Dann darf der gelb blühende, ebenfalls duftende Winterjasmin *Jasminum nudiflorum* nicht fehlen, ebenso wie die Schneekirsche *Prunus subhirtella* 'Autumnalis', die mit ihren halbgefüllten, weißen Blüten bezaubert. Wer einen Zweig seiner winterblühenden Sträucher abschneidet und zu sich ins Zimmer zu holt, wird mit einem Fest für die Nase belohnt.

Der winterliche Garten zeigt Strukturen. Beetformen, Wege, Abgrenzungen, die das ganze Jahr hindurch eher Begleitung waren, treten jetzt in den Vordergrund. Kräuter zeigen ihre immergrünen Kissen, Gräser warten darauf, vom Raureif überstäubt zu werden, Gemüse zeigt seine manchmal spröde Schönheit. Auch der Gemüsegarten im Winter muss nicht einfach eine freie, brach liegende Fläche sein.

IMMERGRÜNE STRÄUCHER Zu den immergrünen Sträuchern, die gut zum Gemüse-, Kräuter oder Bauerngarten passen, gehört zuerst einmal Buchsbaum *Buxus* in Sorten. In niedrige Hecken gepflanzt grenzt er ab, gibt Struktur und lässt sich gut in die Form oder Größe schneiden, die gebraucht wird. Der Buchsbaum wird neuerdings verstärkt von Schädlingen wie dem Buchsbaumzünsler oder von Pilzen befallen, die oft mit den sehr günstigen Pflänzchen im Gartencenter aus aller Welt importiert werden. Wer eine Hecke anlegen und diese Gefahren meiden will, der zieht sich seine Pflanzen im Sommer aus Buchsschnitt, der im unteren Drittel von Blättern befreit und in Bewurzelungspulver gesteckt ist, selbst.

Auch *Ilex* lässt sich gut zu Hecken und in Formen schneiden, ihn gibt es mit unterschiedlichen Blattfarben und -größen. Eiben *Taxus* in Sorten

Ob Hamamelis, Schneeglöckchen, Cyclamen oder winterblühender Prunus – auch der Winter hat viel Blühendes zu bieten.

Wer sagt, dass der Spätherbst und der frühe Winter grau sind? Diese leuchtende Hainbuchenhecke und das blaublättrige Kohlbeet beweisen das Gegenteil.

lassen sich ebenfalls gut zu Hecken oder Säulen schneiden; allerdings im Gemüsegarten daran denken, dass alle Teile dieser Pflanze giftig sind.

Efeu ist eine schöne, immergrüne Pflanze, die gut abdeckt oder abgrenzt. Besonders die Altersformen, oft wie ein Baum geformt, sind attraktiv. Allerdings muss Efeu eingegrenzt werden, wenn er nicht alles überwuchern soll.

Der Feuerdorn mit seinen gelben oder roten Früchten oder immergrüne Mispeln *Cotoneaster* in Sorten sind im winterlichen Garten ein schöner Hintergrund für die schlafenden Beete.

LAUBABWERFENDE STRÄUCHER Es gibt eine Reihe von Sträuchern, die den winterlichen Garten schmücken, obwohl sie ihr Laub abwerfen. Dazu gehören Korkenzieherhasel und -weide, beide sind ohne Laub besonders attraktiv. Dann gibt es Hartriegel-Sorten, deren farbige Äste Akzente setzen. Dazu gehört *Cornus alba sibirica* mit seinen leuchtend roten Zweigen oder *Cornus kesselringii* mit schwarz-purpurfarbenen Trieben. Diese Hartriegelsträucher zeigen ihre Farben allerdings nur an den Jahrestrieben, sie müssen also jedes Jahr beschnitten werden.

In geschnittenen Hecken behalten Hain- und Rotbuchen ihr rostrotes Laub und bieten auch im Winter Sichtschutz und Farbe. Weinbeeren und Brombeeren *Rubus biflorus* und *Rubus cockburnianus* haben weiße Wintertriebe, die Japanische Weinbeere *Rubus phoenicolasius* hat rotbraune, behaarte Triebe, die sich im Winter zeigen.

KRÄUTER UND GRÄSER Auch Kräuter schmücken den winterlichen Garten und bringen eine graugrüne Note ins Spiel. Lavendel und Bergbohnenkraut, Ysop, Thymian und winterharter Rosmarin zeigen ihre aparte Schönheit auch dann noch, wenn die Beete längst abgeerntet sind.

Gräser bringen Strukturen und Bewegung ins winterliche Beet. Besonders *Miscanthus*-Sorten, *Cortaderia* und immergrüner *Carex* können besonders bei Raureif einen winterlichen Garten verzaubern.

GEMÜSE Das Sinnbild für Wintergemüse sind die palmartigen Grünkohlpflanzen im Schnee. Im Winter zeigen sie, wie schön sie gewachsen sind, und auch, welches Farbspektrum ihnen zur Verfügung steht. Sie leuchten von Grün bis Violett und der Toskanische Palmkohl besticht durch seine besondere Blattform. Dazu kommt der Rosenkohl, der sich unter der Last seiner Früchte biegt. Winterporree und Winterheckzwiebeln bringen strenge Formen ins Beet. Feldsalat und Spinat bedecken den Boden, Winterwirsing, Wintersalate und Pastinaken warten auf die Ernte nach dem ersten Frost und auch das Laub des Berglauchs *Allium senescens* lässt sich den ganzen Winter hindurch verwenden.

SCHNEIDEN UND ERTRAGEN
ZWISCHEN RAUREIFSCHÖNHEITEN UND PERFEKTER ORDNUNG

Beim Schneiden und Aufräumen im Winter scheiden sich die Gärtnergeister. Die einen wollen alles sauber und aufgeräumt haben. Die anderen freuen sich auf den ersten Raureif, der ihre Gräser und die Blütenstände ihres Sonnenhuts verzaubert.

Jeder wird da seinen eigenen Weg finden und ausprobieren müssen. Wer den Grundsatz beherzigt, dass ein Garten auch im Winter nicht leer aussehen sollte, der hat schon einen ersten Anhaltspunkt. Dazu kommt das Wintergemüse, das unbedingt Frost braucht. Auch die Gründüngung kann ihre Wirkung nur entfalten, wenn sie in Ruhe gelassen wird. Ansonsten können die Pflanzen beobachtet werden: Die Fetthenne leuchtet dunkelrot durch den Garten, bis der erste Frost sie dahinrafft. Dann ist immer noch Zeit, sie zu schneiden. Der Königsfarn *Osmunda regalis* zeigt, wie wunderschön die Farbe braun sein kann und die Gräser haben einen großen Auftritt im aufgeräumten Beet. Die Blätter des *Helleborus* schmücken die winterlichen Beete, bis sie sich schwarz und schwer auf den Boden legen und abgeschnitten werden, bevor sie zum Schneckeneldorado werden – das ist erst im Frühjahr.

Ob Stauden oder Gemüse, Sträucher, Hecken oder Bäume: Wann und wie die Schere oder Säge angesetzt wird, muss jeder probieren und nach seinen Bedingungen entscheiden. Hier ein paar Grundregeln, die als roter Faden aus dem Labyrinth der Möglichkeiten helfen wollen.

HECKEN Im späten Winter oder Vorfrühling können Hecken und Formgewächse gut in ihre Grundform geschnitten und von alten, abgestorbenen Trieben befreit werden. Mehr dazu im Frühling (Aktionen im Frühlingsgarten).

ROSEN UND CLEMATIS Wer Rosen hat, der sollte sie nicht im Winter, sondern erst zur Zeit der Forsythienblüte schneiden. Auch der Rosenschnitt ist in diesem Buch im Frühling beschrieben. Wer sich *Clematis* in seinen Garten holt, sollte die Kennzeichnungsschilder aufbewahren. Die Arten werden unterschiedlich geschnitten. Früh blühende Sorten wie *Clematis montana, Clematis macropetale* und *Clematis alpina* gehören zur Gruppe 1, die am besten gar nicht geschnitten werden. Nur, wenn Zweige beschädigt sind oder Blüten entfernt werden sollen, können sie geschnitten werden. Spätblühende *Clematis*-Sorten wie *viticella* und Staudenclematis gehören zur Gruppe 3 und werden im späten Winter auf kräftige Knospen 20 bis 50 Zentimeter über dem Boden abgeschnitten. Die großblütigen *Clematis* gehören zur Gruppe 2, hier werden tote und beschädigte Zweige ganz entfernt und die anderen Triebe bis auf kräftige Augen gering zurückgeschnitten.

BLÜHENDE STRÄUCHER Wer im Garten Bauernhortensien *Hydrangea macrophylla* hat, der schneidet nur die Blütenstände ab. Die

Es hat ihn kalt erwischt: Mangold im Raureif ist eine seltene und kurzlebige Schönheit.

Wenn Gärtner dazu raten, Gräser und Stauden erst im Frühjahr abzuschneiden, damit sie ihren Winterauftritt haben können, dann meinen sie dieses Bild: bereiftes Gras- und Staudenbeet in der Wintersonne.

weißen Bälle der Annabelle hingegen, eine Sorte, die zu *Hydrangea arborescens* gehört, werden ziemlich radikal beseitigt. Alles tote und zu dicht wachsende Holz muss im späten Winter entfernt werden, sie wird fast bis zur Erde heruntergeschnitten.

Sommerflieder *Buddleja,* Bartblume *Caryopteris* und der blau blühende Strauch *Perovskia* werden erst im Spätwinter, wenn die starken Fröste vorbei sind, etwa kniehoch über dem Boden abgeschnitten. Das Gleiche kann man auch mit Hartriegel, Perückenstrauch, Haselnuss oder Holunder machen, wenn sie zu viel Platz einnehmen.

Alle frühjahrsblühenden Sträucher wie Forsythie, Deutzie oder falscher Jasmin *Philadelphus* in Sorten blühen am vorjährigen Holz. Diese Sträucher werden direkt nach der Blüte geschnitten. Alte und schwache Triebe werden dann entfernt und Abgeblühtes auf kräftige Triebe zurück geschnitten. Im Winter können diese Sträucher „auf den Stock gesetzt" werden, wenn sie alt und vergreist sind. Dann blühen sie im nächsten Jahr nicht, treiben aber kräftig wieder durch.

BEERENSTRÄUCHER UND OBSTBÄUME werden am besten gleich nach der Ernte beschnitten. Wer sie lieber im Winter schneidet, sollte darauf achten, dass die Temperatur nicht mehr unter minus 5 Grad Celsius sinkt, sonst leiden Sträucher und Bäume.

Johannis- und Stachelbeersträucher tragen ihre Früchte an Zweigen, die zwei bis vier Jahre alt sind. Zweijähriges Holz erkennt man daran, dass es hell ist. Alte Triebe, die dunkel sind und nur noch kurze, helle Triebspitzen haben, sollten entfernt werden. Ein Strauch sollte bei beiden Sorten etwa neun Triebe haben, drei vom Vorjahr (zweijährig), drei vom vorletzten Jahr (dreijährig) und drei von dem Jahr davor (vierjährig). Die kräftigsten Triebe bleiben stehen, alle anderen werden knapp über dem Boden abgeschnitten. Die Schwarze Johannisbeere behält 10 bis 12 ihrer Haupttriebe. Zu lange oder zu viele Seitentriebe der Roten Johannisbeere werden bis auf etwa 2 Zentimeter zurück geschnitten, bei der Schwarzen Johannisbeere werden nur schwache Seitentriebe herausgeschnitten.

OBSTBAUMSCHNITT Der Obstbaumschnitt ist ein Thema, das Bücher und Seminare füllt. Wer sich ausgiebig damit beschäftigen möchte, findet jede Menge Buchmaterial und Gartenforen im Internet. Für alle anderen ein paar Anmerkungen.

Zuerst einmal Obstbäume werden geschnitten, um möglichst viele, gesunde und vor allem große Früchte zu ernten. Wer nicht unbedingt auf Rekordernten angewiesen ist, kann seine Bäume einfach wachsen lassen. Besonders Apfelbäume entwickeln dann im Alter schöne Formen.

Mit ihren geschwungenen Ästen werden sie zu Tänzern im Garten. Und mehr als genug Äpfel für die Familie liefern sie immer noch, auch wenn die Früchte nicht so riesig sind.

Ein Vorteil des Obstbaumschnitts ist, dass luftige Baumkronen weniger Rückzugsmöglichkeiten für Schädlinge bieten.

Viel spricht für einen Sommerschnitt von Obstbäumen nach der Ernte zwischen Mitte Juli und Mitte Oktober. Das Wachstum von unerwünschten Trieben wird gebremst und die Schnittwunden heilen besser als im Winter. Das gilt vor allem bei Süß- und Sauerkirschen und anderen starkwüchsigen Bäumen.

Die Verfechter des Spätwinter- oder Frühjahrsschnitts führen unter anderem ins Feld, dass die Baumkrone besser einsehbar ist, weil das Laub fehlt. Dieser Schnitt wird von Mitte Januar bis Anfang April vorgenommen – die starken Fröste sollten vorbei sein. Schwachwachsende Obstbäume (auf schwachwachsender Unterlage oder schwachwachsende Sorten, erkennbar auf dem Kennzeichnungsschild der Baumschule) werden früh geschnitten, damit die Triebbildung angeregt wird. Sollen die Triebe gebremst werden, wird erst Ende März geschnitten.

Lichte und luftige Obstbaumkronen sind übersichtlich und locker so geordnet, dass die Früchte vom Boden oder mit der Leiter gut geerntet werden können. Licht und Sonne müssen jeden Bereich innerhalb der Baumkrone erreichen können. Triebe, die waagerecht wachsen und Früchte tragen, werden gefördert. Senkrecht nach oben wachsende Triebe werden entfernt, sie tragen vor allem Laub. Es sollen nur so viele Äste und Triebe zugelassen werden, dass zu viele und kleine Früchte vermieden werden – wenn das gewünscht ist. Ist ein Baum überaltert und trägt nicht mehr gut, kann er verjüngt werden: Die Krone wird radikal beschnitten und auch die Wurzeln können eingekürzt werden. Sie werden im Umfang der neuen, verjüngten Krone in der Erde abgestochen.

Die Fachleute unterscheiden folgende Schnittarten:

Der **Pflanz- oder Formierungsschnitt** wird in der Regel noch in der Baumschule vorgenommen, in der die Pflanze erworben wurde. Wichtig bei diesem und allen anderen Schnitten ist, dass die letzte Knospe nach außen zeigt, damit die Krone nicht nach innen wächst.

Der **Erziehungsschnitt** wird bei jungen Bäumen vorgenommen. Er sorgt für einen gleichmäßigen Aufbau der Krone und dafür, dass der Baum möglichst viel Licht bekommt.

Der **Erhaltungsschnitt** wird bei ausgewachsenen, tragfähigen Bäumen vorgenommen, der **Verjüngungsschnitt** bei alten Bäumen (s. oben).

Eigene Schnitttechniken verlangen besondere Kulturformen von Obstbäumen wie Spindelbusch (rundlich, niedrig), Säulenbusch (schmal, pyramidal) und Spalierobst.

Dieser wunderschöne Zierapfelbaum mag keine Schere: Im Gegensatz zu seinen kultivierten Verwandten will er nicht beschnitten werden. An diesem wunderschönen Wildwuchs haben nicht nur vorübergehende Menschen, sondern auch Vögel und Kleintiere den ganzen Winter hindurch ihre Freude.

Der Fantasie sind keine Grenzen gesetzt: Es lohnt sich, nach dem Rundumschnitt durch den Garten das Schnittgut durchzusehen. Aus vielem lassen sich die unterschiedlichsten Flechtarbeiten oder Kränze herstellen, wie diese Beispiele aus Weidenschnitt zeigen. Der Rest kann getrost geschreddert werden.

Der anfallende Baum- und Strauchschnitt will bewältigt werden. Wer einen Schredder hat, zerkleinert damit die Äste. Auch Kompostanlagen in der Nähe nehmen den Schnitt an. Wer Platz dafür hat, legt eine Benjeshecke an und schafft Platz für Vögel und Kleintiere im Garten (s. Frühling, Aktionen im Frühlingsgarten).

In jedem Fall lohnt es sich, den anfallenden Schnitt daraufhin anzusehen, ob er sich biegen und verarbeiten lässt. Schnitt von Hartriegel, Haselnuss und Weide lässt sich gut zu Kränzen, Kugeln oder Rankgerüsten verarbeiten. Und wer Lust hat, lässt sich bei einem Seminar das Korbflechten beibringen und macht in Zukunft seine Gartenkörbe selbst.

SPATEN UND PFLANZENSCHILDER
ZEIT FÜR PFLEGE UND KREATIVES

Der Winter ist für den Gärtner eine eher ruhige Zeit. Die Pflanzen brauchen seine Fürsorge jetzt nicht. Wer trotzdem nicht gut ohne seinen Garten kann, findet jetzt ein anderes Feld, auf dem er sich tummeln kann. Gibt es etwas Schöneres, als sich bei einer Tasse Tee mit Gartenbüchern, Zeitschriften und Katalogen zu beschäftigen und zu überlegen, was im nächsten Gartenjahr gepflanzt, gesät oder umgestaltet werden kann? Dabei helfen Gestaltungsvorschläge in Zeitschriften und Büchern genauso wie die eigenen Fotos, die den Garten in aller Schönheit und mit einigen Mängeln zeigen.

Wer rechtzeitig Fotos auch von den Stellen im Garten gemacht hat, die nicht so gut funktionieren, der ist jetzt gut dran. Er kann ganz in Ruhe überlegen, was an dieser Stelle gut wachsen könnte, was sich ins Gesamtbild bestens einfügt oder welche Pflanze im Garten bisher fehlt.

Wenn der Gärtner jetzt unbedingt tätig werden will, könnte er sich die Samentütchen vornehmen, die er von Messen mitgebracht, im Internet bestellt oder aus dem letzten Jahr aufbewahrt hat. Bevor er in Gedanken die Stellen im Beet ausmacht, wo dieses oder jenes bestens wachsen könnte, sollte er nachsehen, wie lange die Samen haltbar sind. Das ist von Art zu Art verschieden, und wer darauf achtet, spart sich die Enttäuschung der leeren Töpfe und Anzuchtkästen. Das gute Saatgut kann dann zurechtgelegt werden für die ersten eigenen Anzuchtprogramme des neuen Gartenjahres.

SPATEN & CO. Der Winter ist auch eine gute Gelegenheit, die Gartengeräte durchzusehen und in Ordnung zu bringen. Und zu überlegen: Was brauche ich eigentlich für meine Gartenarbeit?

Topf- und Balkongärtner kommen mit kleinen Handgeräten aus, ein Gerät, das den Boden lockert und die Schaufel, die Erde in Kästen und Töpfe füllen kann. Gießkanne, Stäbe und Band zum Hochbinden – viel mehr braucht es hier nicht.

Wer eine größere Fläche bearbeitet, braucht mehr Geräte. Hier eine Übersicht über die Grundausstattung, die für die Gartenarbeit hilfreich ist.

Da ist zuerst der **Spaten.** Er wird für Erdarbeiten aller Art gebraucht und sollte nicht zu schwer sein. Empfehlenswert auch für Männer sind die sogenannten „Damenspaten". Der Griff sollte so lang sein, dass er etwas über Bauchhöhe des Gärtners endet. Spaten sollten aus geschmiedetem Stahl oder rostfreiem Edelstahl sein und am oberen Ende des Blatts eine verbreiterte Trittkante haben. Das Blatt am unteren Ende muss scharf sein, damit auch feste und verfilzte Pflanzenteile damit abgestochen werden können.

Die **Grabegabel** ist besonders bei schweren Böden empfehlenswert. Der Boden kann damit gut gelockert werden und bei der Arbeit im Staudenbeet werden die Wurzeln kaum beschädigt. Wurzelunkräuter können damit wunderbar entfernt werden, ohne sie zu zerteilen und damit die nächste Generation heranzuziehen. Auch die Grabegabel sollte scharfe

Alte Gartengeräte oder solche, die eher unhandlich sind, können gut einen dekorativen Platz einnehmen. Hier wurden sie quer an die Wand gehängt und damit zum besonderen Hingucker.

Zinken und eine verdickte Oberkante als Trittfläche haben. Ihr Griff sollte wie beim Spaten etwa in Bauchhöhe enden.

Die **Harke** oder der Rechen wird im Garten zum Einebnen des Bodens, zum Einarbeiten von Dünger oder Kompost und zum Vorbereiten einer Saatfläche gebraucht. Es gibt das Gerät in verschiedenen Breiten, der Stiel reicht bis etwa in Kopfhöhe.

Dann gibt es die **Hacken** in verschiedenen Ausführungen. Sie alle lockern den Boden und helfen beim Entfernen der Unkräuter. Neben der einfachen Hacke gibt es die Bügelhacke, den Kultivator oder Grubber mit seinen drei bis fünf Zinken, den Sauzahn mit einem scharfen Zahn und die Schuffel zum Ziehen wie zum Stoßen, geeignet vor allem für eher leichte Böden. Auch die Hackenstiele gehen bis in Kopfhöhe.

Eine **Schaufel** wird im Garten gebraucht, wenn Kompost umgesetzt wird oder Erde aufgeladen oder verteilt werden soll. Die Schaufel hat ebenfalls einen langen Stiel.

Die **Forke** wird in der Landwirtschaft als Mistgabel verwendet. Im Garten ist sie hilfreich, wenn Kompost mit groben Teilen umgesetzt wird oder Laub aufgeladen werden soll.

Auch der **Laubbesen** oder Grasbesen hat einen langen Stiel und eignet sich zum Abharken von Rasen und Beeten oder winterlich leeren Beeten, aus denen zähes Laub wie von Walnuss oder Birne entfernt werden soll.

Alle diese Geräte sollten an der Wand aufgehängt werden. Dort halten sie länger und niemand kann sich daran verletzen. Wer einmal in die Zinken einer Harke getreten ist, wird sie in Zukunft aufhängen.

Unerlässlich im Garten sind die **Scheren und Sägen.** Es gibt sie in großer Zahl und für jedes Bedürfnis. Ob Rosenschere, handliche Damenschere für Links- oder Rechtshänder, Amboss- oder Bypassschere, Knarrenschere, Hecken- und Astschere oder die gewöhnliche Küchenschere in robuster Ausführung – sie alle werden gebraucht, je nach Material, das sie schneiden sollen. Für den, der dickere Büschel zum Beispiel im Stauden- oder Gräserbeet abschneiden will, sind Staudensicheln eine Hilfe. Alle dickeren Äste werden mit Hand-, Ast- oder Bügelsäge geschnitten.

Nützliche **Gartenhelfer** sind außerdem die Pflanzschnur für gerade Saat- und Pflanzreihen (hilfreich auch für eine gerade Oberkante beim Heckenschnitt), die Pflanzschaufel, das Pflanzholz, das Löcher zum Auspflanzen in den Boden stanzt, der Zollstock, Bindeschnur und Bast, Bindedraht, Unkrautstecher, Schubkarre, Körbe, Eimer und Gießkannen.

PFLEGE All diese Gartenhelfer werden entweder im Gartenhäuschen, im Keller oder in der Garage aufbewahrt. Der Winter bietet eine gute Gelegenheit, sie blitzblank zu putzen und sie fit zu machen für die nächste Gartensaison.

Das ganze Jahr über sollten Erde oder andere anhaftende Verunreinigungen gleich nach Gebrauch entfernt werden. Sind kranke Pflanzen oder Äste beschnitten worden, werden Schere, Messer oder Säge ebenfalls umgehend mit Alkohol gereinigt.

Im Winter werden die Geräte dann nochmals gründlich mit einer Bürste gereinigt und geölt. Aufgeraute Stiele werden abgeschmirgelt und mit Firnis oder Öl eingerieben, damit sich keine Holzsplitter in die Hand bohren können. Alle Geräte werden geprüft, ob sie noch fest am Stiel sitzen. Sind sie locker, werden sie repariert. Scheren, Sägen und Messer werden geprüft, ob sie noch scharf genug sind. Wer kein Gerät zum Schärfen hat, lässt das im Fachhandel machen. Auch die Messer des Rasenmähers werden hier geschliffen. Elektrische Rasenmäher werden gesäubert und von fest sitzendem Schmutz gereinigt. Bei Motormähern kann man das auch mit dem Hochdruckreiniger machen.

PFLANZENSCHILDER Einige berühmte Gärtner haben es verschmäht, ihre Pflanzen zu kennzeichnen. Ob klein oder groß, heimisch oder exotisch: Sie kannten die Bewohner ihres Gartens.

Für die Gärtner, die öfter mal scharf nachdenken müssen, was denn hier wächst, oder nach zwei Wochen nicht mehr sicher sind, was sie hier gesät haben, sind Schilder hilfreich. Hübsch sind viele von ihnen auch noch.

Der Winter bietet sich an, Garten und Bestandslisten zu durchforsten und Schilder herzustellen. Das kann sehr einfach sein und auch sehr kreativ. Wichtig ist vor allem, die Schilder so anzulegen, dass sie nicht schon nach ein paar Wochen im Boden verschwunden oder von Vögeln entführt sind. Hier eine Auswahl von Möglichkeiten:

Kunststoffschilder in verschiedenen Formen: Sie eignen sich gut für Pflanztöpfe. Im Beet sehen sie nicht besonders gut aus und überleben nur, wenn sie an Stäben aufgehängt werden. Wer die Pflanzennamen auf Papier ausdruckt, sie laminiert und genügend Laminat-Rand stehen lässt, hat wetterfeste Schilder, die er selbst gestalten kann.

Holz Schmal gespaltene Holzstücke oder Lattenabschnitte können neben die Pflanze gesteckt werden. Kleinere Baum- oder Astscheiben eignen sich gut zum Aufhängen an Pflanzen oder Stäben. Hölzerne Mundspatel aus der Apotheke eignen sich für die Kennzeichnung in Pflanztöpfen. Holz kann mit wasserfesten Stiften oder mit dem Brennstab beschriftet werden. Allerdings ist es nicht unbegrenzt haltbar.

Metall Schilder aus Aluminium oder aus Kupfer in vielen Formen und Größen gibt es im Handel, sie können mit einem Spezialstift

An Pflanzenschildern scheiden sich die Gartengeister. Wer sich für sie entscheidet, hat mit diesen Schiefertäfelchen dekorative Elemente im Beet und wird immer wissen, was genau hier wächst ...

beschrieben oder geritzt werden. Wenn sie klein sind, sollten sie an Stäbe gehängt werden, sonst verschwinden sie im Beet. Mit einer Blechschere lassen sich auch gut Blechabfälle wie zum Beispiel von alten Dachrinnen zu Pflanzenschildern zurechtschneiden. Der Pflanzenname lässt sich mit wetterfesten Stiften auftragen oder mit Schlagbuchstaben (aus dem Werkzeughandel) einritzen.

Stein Plattenbruch aus dem Steinbruch kann beschrieben und in die Erde gesteckt werden. Schieferbruch kann in Form gebracht werden und als Täfelchen an die Pflanze gebunden oder an einem Stab davor in die Erde gesteckt werden. Kieselsteine eignen sich ebenfalls, allerdings verschwinden auch sie im Beet, wenn sie zu klein sind. Stein wird mit einem wasserfesten Stift beschrieben und eventuell lackiert.

Ton Beschriftete Scherben von Tontöpfen lassen sich gut vor Pflanzen stecken. Eine elegante Variante sind die größeren Tonfüße für Pflanztöpfe, deren Auflageflächen sich gut beschriften lassen. Vorgefertigte Tonetiketten speziell für Kräuter gibt es in vielen Formen, diese Etiketten gibt es auch zum Selbstbeschriften.

Keramik, Email Diese Schilder, oft mit einem dekorativen Metallrahmen versehen, werden gern für Rosen oder Raritäten verwendet. Sie sind eher teuer und blanko zu bekommen, auf Wunsch werden sie auch von den Herstellern beschriftet.

Für alle Beschriftungen gilt: Genau nachsehen, wie der korrekte botanische und/oder deutsche Name der Pflanze geschrieben wird. Fehler lassen sich nur schlecht oder gar nicht korrigieren.

MEISE UND SPATZ
FUTTERHÄUSCHEN, FÜTTERUNG UND NISTKÄSTEN

Der Winter reduziert unsere Gärten. Statt großer Fülle sind jetzt Strukturen zu sehen und Pflanzen, die wunderbar duften, aber eher kleinblütig oder unscheinbar sind. Die winterblühenden Sträucher gehören dazu.

Auch andere Bewohner des Gartens werden jetzt sichtbar. Das ganze Jahr hindurch waren sie zu hören, jetzt sind sie gut zu sehen: Die Vögel im Garten. Amseln, Meisen und neuerdings wieder Spatzen sind eigentlich in jedem Garten zu finden. Die vielen anderen Arten – von Rotkehlchen über Dompfaff, Schwanzmeisen, Buntspecht und vielen anderen – zeigen sich, wenn der Garten ein gutes Umfeld für sie bietet. Es ist eine besondere Freude, die Vögel im Garten zu beobachten, sie zu bestimmen und sie zu füttern, schon Kinder lernen so die gefiederten Freunde gut kennen.

Neben der Freude, die Meise am Körnerring turnen zu sehen oder den Kleiber am alten Baumstamm zu beobachten, unterstützen uns die Vögel in unserem Garten bei der Schädlingsbekämpfung. Wenn sie im Frühjahr hier brüten und ihre Jungen aufziehen, brauchen sie Unmengen von Nahrung in Form von Schädlingen, die wir ihnen gern überlassen. Im Winter können wir sie unterstützen, indem wir für leicht erreichbare Nahrung sorgen.

Das sind zum Beispiel die Früchte der Sträucher. Von den heimischen Gehölzen wie der Vogelbeere *Sorbus aucuparia* ernähren sich 63 Vogelarten, von der Vogelkirsche *Prunus avium* 48 Arten, vom eingriffeligen Weißdorn *Crataegus monogyna* 32 Arten. Der Rote Hartriegel *Cornus sanguinea*, die gemeine Traubenkirsche *Prunus padus*, die Wildrosensträucher mit Hagebutten oder die Schlehe *Prunus spinosa* liefern Nahrung für rund 20 Vogelarten.

Es lohnt sich, solche Gehölze in den Garten zu holen, zum Beispiel in Form einer Wildhecke. Sie erfreuen uns mit ihren leuchtenden Beeren, bis die hungrigen gefiederten Gäste im Garten sich darüber her machen.

Stauden und Gräser, die Samen tragen, liefern ebenfalls Winternahrung für Vögel. In und an den Stängeln finden sich außerdem überwinternde Insekten, für viele Vogelarten ein winterlicher Leckerbissen.

FUTTERHÄUSCHEN Die Winterfütterung von Vögeln wird kontrovers diskutiert. Die Gegner führen an, dass damit nur Arten unterstützt werden, die in der Nähe von Menschen sowieso gut überleben können. Das biologische Gleichgewicht werde so gestört.

Befürworter gehen davon aus, dass unsere Umwelt nicht mehr natürlich ist und die Vögel darin unterstützt werden müssen, sich in unseren Gärten anzusiedeln. Für Kinder biete die Fütterung dazu gute Gelegenheit, auch Wildvögel kennenzulernen. Andere verfechten die Vogelfütterung nur bei Dauerfrost oder dicker Schneedecke.

Wer sich entscheidet, Vögel in einem Futterhäuschen zu füttern, der sollte darauf achten, dass die Sitzflächen möglichst klein gehalten werden.

Spannender Blickfang im winterlichen Garten ist ein Futterhäuschen, täglich mit Nachschub bestückt, in dem sich Vögel aller Art tummeln.

Edelbehausung für gefiederte Gäste, die immer ein Anziehungspunkt für menschliche Blicke und für Vögel ist – hier im Frühsommer mitten im blühenden Cornus.

Sonst verseucht der Kot das Futter und Krankheiten werden übertragen. Der Boden des Häuschens sollte ab und zu mit klarem Wasser gesäubert werden. Futtersilos verhindern eine Verschmutzung besser als Häuschen.

Futter darf nicht nass werden und verschiedene Arten bevorzugen unterschiedliches Futter. Es gibt Körnerfresser und Insektenfresser, die letzteren brauchen im Winter Fettfutter. Das Häuschen sollte nahe am Haus aufgestellt werden, damit man es beobachten kann. Für die scheuen Vögel, die beim Anblick eines Menschen sofort verschwinden, ist eine etwas entfernt eingerichtete Futterstelle hilfreich.

Wer nur bei Dauerfrost oder dicker Schneedecke füttert, sollte das dann aber regelmäßig machen. Es ist auffallend, wie viele Vögel die Futterstellen anfliegen und dabei mit Artgenossen kämpfen müssen. Das kostet viel Energie – am besten also mehrere Futterstellen einrichten.

Wer Futter selbst machen will: Für Insektenfresser Rindertalg vom Schlachter schmelzen und Kleie, geschälte Sonnenblumen, Haferflocken, Haselnüsse und Leinsamen zu gleichen Teilen dazugeben. Die Mischung in Blumentöpfe, durch die ein Draht zum Aufhängen gezogen wurde, gießen und erkalten lassen.

Körnerfresser lieben Sonnenblumenkerne und andere hartschalige Früchte. Unbedingt darauf achten, dass das gekaufte Futter frei von Ambrosia ist, es sät sich gern im Garten aus und wird zum Alptraum für Allergiker. Amseln, Drosseln und Rotkehlchen lieben getrocknete Früchte oder Obst, das ruhig auch angefault sein kann.

NISTKÄSTEN Nistkästen gibt es in vielen Formen und aus unterschiedlichem Material zu kaufen. Man kann sie aber auch gut selbst bauen, besonders Kinder haben daran ihren Spaß. Welche Art im Kasten nisten kann, hängt von der Größe des Einfluglochs ab. Blaumeisen, andere Kleinmeisen und Feldsperlinge brauchen ein 28 mm großes Einflugloch. Beim Haussperling muss es 30 mm groß sein, die Kohlmeise und der Wendehals brauchen 32 mm. Gartenrotschwanz und Kleiber benötigen ein länglich ovales Loch von 45 mm in der Höhe und 30 mm in der Breite. Nistkästen am besten mit der Öffnung gen Osten aufhängen.

Anleitungen für Nistkästen gibt es bei Naturschutzverbänden oder im Internet. Wichtig ist, dass sie sich leicht für die jährliche Reinigung öffnen lassen. Wer Lust hat, kann die Kästen mit Farbe oder besonderen Dächern zu kleinen Vogelvillen machen.

Im Spätherbst oder Winter werden alle Vogelkästen gründlich gereinigt, damit Flöhe oder Läuse der späteren Brut nicht schaden können. Nach der Reinigung sofort wieder aufhängen. Bei dieser Arbeit ist auch gut zu sehen, ob ein Kasten angenommen worden ist.

„GARTEN IST JÄHRLICHER NEUANFANG."
Dieses Zitat von Gabriella Pape ist Trost für alle, denen die winterliche Ruhezeit einfach zu lang ist. Egal, ob es friert und schneit oder ob das Wetter nasskalt und unfreundlich ist – die Pflanzen warten auf die erste Gelegenheit, sich zu zeigen und das Ende des Winterschlafs anzukündigen. Wie gerne schließt sich der Gärtner an!

VOM ÜBERLEBEN ZUM GARTENVERGNÜGEN
EIN KLEINER AUSFLUG IN DIE GESCHICHTE DES GARTENS

Der Inbegriff menschlicher Träume und Sehnsüchte ist das Paradies. Dieser Archetypus der intakten, harmonischen Welt wird im Bild des Gartens überliefert. Folgt man der Erzählung vom Garten Eden, stehen am Anfang der Genuss und das Schöne. Erst als Adam und Eva aus dem Paradies vertrieben werden, müssen sie im Schweiße ihres Angesichts die Erde bebauen, um zu überleben.

Menschen haben sich früh den Boden nutzbar gemacht. Ob neben Mühsal und harter Arbeit auch Freude dabei war, lässt sich kaum feststellen. Frühe Gartenkunst im Sinn des umhegten, gestalteten Raumes ist in der Geschichte nicht einfach zu belegen, Anlagen sind aus dem fernen Osten ebenso wie aus den Hochkulturen Ägyptens und Persiens bekannt. Sprichwörtlich sind die Hängenden Gärten von Babylon, die aus der Zeit um 600 v. Chr. überliefert sind. Sie zählen zu den sieben Weltwundern der Antike. Griechische Autoren dieser Zeit rühmen die Anlage wegen ihrer Schönheit und erzählen, dass hier neben Wein und verschiedenen Obstbäumen die Königin der Bäume, die Palme, nicht nur angepflanzt, sondern auch genutzt wurde.

Die Geschichte der europäischen Gärten scheint nicht ganz so alt zu sein. Als Pompeji 79 n. Chr. unterging, war die Stadt grün. Ausgrabungen haben viele Gärten zum Vorschein gebracht. Zwar gab es hier keine öffentlichen Gärten und Parks, aber in den Innenhöfen waren Nutz- und Ziergärten angelegt, von Säulengängen umgeben, von außen nicht einsehbar. Diese Art von Gärten war schon im klassischen Athen um 300 v. Chr. bekannt, Epikur oder Theophrast sollen in ihnen mit ihren Schülern gelustwandelt sein.

Der früheste Entwurf für einen Klostergarten ist aus dem Jahr 825 aus St. Gallen überliefert. Hier ist die Gartenanlage aufgeteilt für die verschiedensten Bedürfnisse: Der Innengarten des Kreuzgangs ist ruhig, fast abstrakt gestaltet, die Efeu- oder Rasenbeete durch das Wegekreuz in vier Teilen getrennt, in der Mitte wächst ein immergrüner Baum als Sinnbild für den Baum des Lebens. Kräuter und Blumen sind im Würz- und Kräutergarten des Arztes zu finden, dazu kommen der Obst- und der Gemüsegarten.

Gärten in islamischer Tradition entstehen im 13. Jahrhundert in Spanien. Die Gärten der Alhambra, die heute nur in Resten erhalten sind, waren ein Beispiel für orientalische Gartenkunst. Hier verbanden Gartenhöfe mit Brunnen und spiegelnden Wasserflächen kleine Gebäudegruppen mit langen, verwinkelten Wegen. Diese Anlage war nach außen verborgen und diente der Freude, dem Genuss, der Ruhe und Poesie. Sie war ein reiner Ziergarten, sieht man von Obstbäumen ab.

Im 16. Jahrhundert entstehen in Italien Renaissance-Gärten. Es ist die Zeit, in der Hyazinthen und Tulpen importiert werden. Die Anlagen grenzen nicht mehr, wie im Mittelalter, die bedrohliche Außenwelt aus, sondern fügen sich in die Landschaft ein. Diese Gärten, aufgeteilt in geometrisch geformte Beetsegmente, waren vor allem grün. Buchshecken, Wege und Steinskulpturen bestimmten das Bild. Blumen wurden in steinerne Gartenvasen gepflanzt. In manche dieser Gärten waren Obst- und Gemüsegärten integriert, ebenfalls geometrisch angelegt.

Die französischen Barockgärten nahmen ein Jahrhundert später diese Tradition auf, auch sie sind streng geometrisch und vor allem grün. Neu sind in diesen Gärten das Gestaltungsmittel der Sichtachsen, geometrisch beschnittene Bäume, Sträucher und Hecken und ornamentale Formen. Vom Parterre mit seiner reichen, dekorativen Gestaltung über die Boskets, deren Niederwaldbestände von exakt geschnittenen Hecken begrenzt werden, bis zum „Wald" mit seinen langen Alleen und sternförmigen Schneisen wird hier der Übergang vom Künstlichen zum Natürlichen gestaltet. Im Übergang zum Rokoko sind die ornamentalen Beete des Parterres mit Blumenteppichen bepflanzt, sie dienen der Hinführung zur Pracht der Gebäude. Gemüse ist allenfalls in Küchengärten zu finden, die mit hohen Mauern das Frugale vom Ästhetischen abgrenzen.

Im 18. Jahrhundert entstehen die englischen Landschaftsgärten. Die bisherige mathematische Strenge der Gärten wird eliminiert, die Gartengestaltung richtet sich nach dem, was die Natur an Ausblicken zu bieten hat. Unsichtbare Zäune, Ha-Ha Fences genannt, grenzen die Anlage von der Landschaft ab, beides soll optisch zu einer Einheit verschmelzen. Hügel werden angelegt, Bäume versetzt, Tempel gebaut, Sichtachsen angelegt: Der englische Landschaftsgarten, der vor allem grün ist und kaum Blühpflanzen beherbergt, soll ein begehbares Landschaftsgemälde sein, in dem Menschen ihre Akzente setzen.

Die großen Gartenanlagen waren durch die Geschichte hindurch Sache der Souveräne. Ob Könige oder Kirche: Macht und Geld waren eine wichtige Voraussetzung für die Entstehung dieser Anlagen. Mit ihnen wurde vor allem repräsentiert, hier wurde zur Schau gestellt, was jemand ist und hat. Wie mit einer großen Robe im jeweiligen Zeitgeschmack wurde mit den Gartenanlagen Bedeutung und Einfluss gezeigt. Dennoch hatten diese großen Anlagen Einfluss auf die Gärten derer, die vor allem überleben mussten.

DER BAUERNGARTEN Die Mehrzahl der Menschen durch die Geschichte hindurch hatte keine Roben. Sie hatte Arbeitskleidung und Gärten, die für Nahrung und Auskommen sorgten. Es wird vermutet, dass der Bauerngarten so alt ist wie die bäuerliche Kultur selbst, also bis zu 4.000 Jahre. Überliefert ist die Entstehung des Bauerngartens in unserem Kulturkreis aus dem 5. Jahrhundert n. Chr., einer Zeit, in der es den Bauern möglich wurde, ein kleines, umgrenztes Stück Land aus der gemeinschaftlichen Flurnutzung für den eigenen Bedarf zu bebauen.

Bauerngärten waren in der Nähe der Anwesen angelegt und beherbergten vor allem Hackfrüchte und Kräuter; sie wurden von den Frauen bearbeitet und waren durch einen Zaun vor Wild und Haustieren geschützt. Ab dem 8. Jahrhundert nahmen die Klostergärten Einfluss auf die Bauerngärten, ihre praktische Gliederung und Bepflanzung.

Eine besondere Rolle spielt hier Hildegard von Bingen, die ihr großes Wissen um Pflanzen nicht nur theoretisch, sondern auch praktisch anwendete. Sie vermittelte Wissen um die Heilwirkung von Kräutern, das den Bauern noch nicht bekannt war. Sie sorgte für größeren Pflanzenreichtum in den Gärten und führte zum Beispiel Portulak und Meerrettich, Ringelblume und Pfingstrose auch in den Bauerngärten ein. Mit den Heilpflanzen hielt auch die Blütenpracht Einzug in die Bauerngärten: Türkenbund und Rittersporn beispielsweise waren Pflanzen, die von Kreuzrittern aus dem Vorderen Orient mitgebracht wurden und denen große Heilwirkung nachgesagt wurde.

Mit Beginn des 16. Jahrhunderts beschäftigen sich Ärzte, Dorflehrer, Apotheker und reiche Bürger mit der Pflanzenwelt, die Klöster verlieren an Einfluss. Jetzt wird der Bauerngarten zum verzierten Nutzgarten. Die Schönheit der italienischen Renaissance-Gärten beeindruckt reisende Bürger, ihre Elemente werden zu Hause übernommen. Die Bauern holen sich Anregungen aus den Gärten der Bürger. Hecken werden geschnitten, Blumenrabatten angelegt, Beete mit Buchs eingefasst, neu entdeckte Gewächse gepflanzt. Spinat und Borretsch, Lauch und Endivie, Fenchel und Lavendel wächst jetzt in den Gärten neben Rosen und Würzpflanzen. Barock und Rokoko schließlich lassen die Bauerngärten in nie dagewesener Pracht erblühen, die Gestaltungselemente aus herrschaftlichen Gärten werden übernommen.

Der starke Eingriff in die Natur und die überzüchtete Lebensart stoßen im 18. Jahrhundert auf Kritiker, Jean-Jacques Rousseau ist der wohl bekannteste unter ihnen. Der englische Landschaftsgarten ist jetzt angesagt – in den Bauerngärten jedoch bleiben die Gestaltungselemente des Barock weitgehend erhalten.

GÄRTEN HEUTE Die Gärten heute haben alle Gestaltungsmöglichkeiten vergangener Zeiten zur Verfügung. Dazu kommen Entwicklungen im vergangenen Jahrhundert, die verschiedene geistige Strömungen auch im Garten sichtbar machen. Mit der 1968er-Generation entsteht die Idee des naturbelassenen Gartens, Eingriffe sind verpönt, Rasenmähen ist bourgeois, Brennnessel & Co. dürfen sich ungehindert ausbreiten. Später gewinnen fernöstliche Ideen an Einfluss, avantgardistische Gestalter entwickeln strenge, minimalistische Gärten, in denen wenige Pflanzengruppen vorherrschen.

Alle Einflüsse aus Geschichte und neuer Gartenarchitektur finden sich heute in privaten Gärten wieder. Sie sind so vielfältig wie selten zuvor. Englischer Cottagegarten, Bauerngarten, formale Anlage, fernöstlicher Kiesgarten, modern-puristische Anlage – alles ist möglich und nicht selten mischen sich die Elemente in den Gärten.

Neben den Gartenmoden gibt es Kriterien, die für Gartenbesitzer heute eine wichtige Rolle spielen. Der Garten soll repräsentativ sein und das eigene Lebensgefühl widerspiegeln. Er soll ökologisch einwandfrei und gut für die Gesundheit sein. Nicht nur mit seinem Freizeitwert, sondern auch mit dem, was er hervorbringt. Gemüse und Kräuter im Garten sind zunehmend gefragt. Und er soll leicht zu pflegen sein, unkomplizierte Pflanzen beherbergen – und trotzdem wunderschön sein.

PFLANZENPORTRÄTS

1 KOPFSALAT *Lactuca sativa*

Der Kopfsalat ist der beliebteste und bekannteste unter den Salaten und gehört zu den Lattichsalaten. Er braucht einen sonnigen bis halbschattigen Standort und frischen Boden. Die Pflanzen sollten im Abstand von 25 bis 30 cm gesetzt werden. Ausgesät werden kann er unter Glas von Februar bis Juli, im Freiland von März bis August. Die Pflanzen können unter Glas ab März, im Freiland ab April in die Erde gebracht werden. Kopfsalat kann nach 4 bis 10 Wochen geerntet und sollte sofort verarbeitet werden.

2 EISSALAT *Lactuca sativa* var. *capitata*

Der Eissalat gehört zu den Lattichsalaten. Er wird im Freiland von April bis Juni ausgesät, die Pflanzen werden von Juni bis August mit einem Abstand von 25 bis 30 cm ins Freiland gesetzt und braucht einen sonnigen bis halbschattigen Standort und frischen Boden. Er bildet große Köpfe, schosst nicht und die Blätter sind derber als Kopfsalat. Er kann ab Juni bis in den Oktober hinein geerntet werden. Eissalat braucht etwas länger als Kopfsalat bis zur Ernte, hält sich aber im Kühlschrank einige Tage bis zum Verzehr.

3 PFLÜCKSALAT *Lactuca sativa* var. *crispa*

Pflücksalate brauchen wenig Platz, sind einfach zu kultivieren und „schießen" nicht so schnell wie Kopfsalate. Sie sind gut geeignet für Zwischenpflanzungen im Staudenbeet: Geerntet werden nur die äußeren Blätter, gerade so viel, wie gebraucht wird. So entstehen keine Lücken im Beet. Pflück- und Schnittsalate werden ab März bis Ende Juli/Anfang August gesät. Folgesaaten alle zwei bis drei Wochen. Er braucht einen sonnigen bis halbschattigen Standort, frischen Boden und einen Pflanzabstand von 25 bis 30 cm.

4 ENDIVIE *Cichorium endivia*

Die Endivie ist ein Herbst- und Wintersalat und wird wegen ihres bitteren Aromas geschätzt. Der Geschmack wird abgemildert, wenn die Blätter zusammengebunden und so gebleicht werden. Aussaat Ende Juni/Anfang Juli, zur Zeit der Holunderblüte, an Ort und Stelle. Endivien haben eine Pfahlwurzel und lassen sich deshalb schlecht verpflanzen. Sonniger Standort, frischer Boden und ein Abstand von etwa 30 cm sind nötig. Geerntet wird von September bis November, die Endivie verträgt leichten Frost.

5 FELDSALAT *Valerianella locusta*

Der nussig schmeckende Feldsalat gehört zur Familie der Baldriangewächse. Er versorgt im Herbst und Winter die Küche nicht nur mit Vitaminen, sondern ist auch eine besonders feine Delikatesse. Feldsalat wird im Freiland im August und September in Reihen ausgesät, unter Glas auch noch im Oktober und November. Er kann von Oktober bis April geerntet werden, braucht einen sonnigen bis halbschattigen Standort und frischen Boden. Abstand in der Reihe 5 bis 10 cm, Reihenabstand 10 bis 15 cm.

6 CHINESISCHER SENFKOHL oder MINI PAK CHOI *Brassica campestris* var. *chinensis*

Der Chinesische Senfkohl ist eine Neuheiten auf dem Speiseplänen. Es gibt viele neue Arten und Sorten mit unterschiedlichen Geschmacksrichtungen. Er wird zwischen März und Anfang August ausgesät und braucht ausreichend Feuchtigkeit. Er bildet keine Köpfe, die Blätter werden 4 bis 5 cm über dem Boden abgeschnitten und als Salat oder Gemüse genossen. Er gehört zu den Kreuzblütlern und verträgt sich nicht mit Kohl.

7 RUCOLA *Eruca sativa*

Rucola ist eine Pflanze, die als Salat und Würzkraut verwendet wird. Geerntet werden die Blätter vor dem Stängelaustrieb. Sie dürfen nicht zu dicht über dem Boden abgeschnitten werden, damit das Herz geschont wird und weiter wachsen kann. Rucola kann ab März bis Anfang September gesät und von April bis Oktober geerntet werden. Er braucht einen sonnigen bis halbschattigen Standort und frischen Boden. Der Abstand der Pflanzen sollte 2 bis 5 cm, zwischen den Reihen 20 cm betragen.

8 ZUCKERHUTSALAT *Cichorium intybus* var. *foliosum*

Der Zuckerhutsalat gehört zu den Herbst- und Wintersalaten. Er hat einen leicht bitteren Geschmack, kann gut aufbewahrt und auch als Gemüse gekocht werden. Zuckerhutsalat wird Ende Juni bis Mitte Juli ins Freiland gesät und später ausgedünnt. Er gehört zu den Zichorien, bildet eine Pfahlwurzel und lässt sich deshalb schlecht verpflanzen. Er braucht einen sonnigen Standort, frischen Boden, einen Pflanzabstand von 25 cm, er verträgt leichten Frost.

9 STIELMANGOLD *Beta vulgaris* ssp. *cicla*

Stielmangold oder Rippenmangold ist ein altes Gemüse, das wegen seines Geschmacks und seiner attraktiven Farben wiederentdeckt wurde. Er kann gekocht, aber auch roh in Salaten verwendet werden. Von März bis Juni wird er ins Freiland gesät; dort braucht er einen sonnigen bis halbschattigen Platz und frischen Boden. Die Pflanzen sollten einen Abstand von 30 cm haben. Vom Mangold sollten nur die äußeren Blätter möglichst jung geerntet werden. Werden die Herzblätter geschont, kann man immer weiter ernten.

10 WEISSKOHL *Brassica oleracea* var. *capitata*

Kohl ist eine sehr alte Gemüsesorte, der bekannteste unter den vielen Sorten ist der Weißkohl. Er hat kaum Kalorien, dafür viele Ballaststoffe und Mineralien, dazu ist er reich an Vitamin C. Die enthaltenen Senföle haben antibiotische Wirkung. Er kann unter Glas ab Februar, im Freiland ab April ausgesät werden. Pflanzen werden von April bis Juli gesetzt. Ein sonniger bis halbschattiger Standort und frischer Boden werden gebraucht, Pflanzabstand 40 bis 50 cm. Er kann bis in den Dezember geerntet werden.

11 GRÜNKOHL *Brassica oleracea* var. *sabellica*

Grünkohl ist ein Wintergemüse und braucht Temperaturen unter +10°, um in den Blättern Stärke in Zucker umzuwandeln. Die Blätter entwickeln so eine leichte Süße. Er verträgt Frost und ist im Sommer wie im Winter attraktiver Schmuck in den Beeten. Grünkohl wird im Mai und Juni gesät, die Pflanzen werden im Juli und August gesetzt. Er braucht einen sonnigen/halbschattigen Standort, frischen Boden und einen Abstand von 40 bis 50 cm. Er wird ab Oktober bis in den Februar hinein geerntet.

12 PALMKOHL *Brassica sabellica* var. *acepala*

Der Palmkohl gehört zu den Gemüsekohlsorten und wird bis zu 70 cm hoch. Die Struktur und die grün-bläuliche Farbe der Blätter machen ihn zu einem Gemüse, das auch im Staudenbeet einen tollen Auftritt haben kann. Palmkohl verträgt keinen Frost und ist im Geschmack milder als Grünkohl. Aussaat Mai bis Juni, Auspflanzung Juli bis August. Palmkohl braucht einen sonnigen/halbschattigen Standort, frischen Boden und einen Abstand von 50 cm. Er wird ab Oktober geerntet.

13 KOHLRABI *Brassica oleracea* var. *gongylodes*

Kohlrabi hat das ganze Jahr hindurch Saison: Seine kurze Entwicklungszeit erlaubt es, ihn als Vor-, Zwischen- oder Nachfrucht anzubauen. Neue Sorten haben die Neigung zum Verholzen und Aufplatzen verloren. Die Knollen und die jungen Blätter eignen sich gut zum Verzehr. Er wird unter Glas ab Februar, im Freiland ab April gesät und von April bis Juli gepflanzt. Sonniger bis halbschattiger Standort, frischer Boden und einen Pflanzabstand von 30 cm sind nötig. Er wird von Mai bis Oktober geerntet.

14 RADIESCHEN *Raphanus sativus* var. *sativus*

Radieschen sind erst seit dem 16. Jahrhundert in Europa bekannt. Die knackigen Gemüseknollen können ab März ausgesät und nach 4 bis 6 Wochen geerntet werden. Sie können bis zu dreimal nachgesät werden, für die Aussaaten ab Mai sollten Sommersorten verwendet werden. Radieschen brauchen Sonne, frischen Boden und einen Abstand von 7 bis 10 cm. Sie können ab April bis in den späten Sommer geerntet werden, am besten jung. Wartet man zu lange mit der Ernte, verholzen sie und schmecken unangenehm.

15 ZWIEBELN *Allium cepa*

Zwiebeln können verschieden angebaut werden: 1. Aussaat im Frühjahr und Ernte im Frühherbst, 2. ab März Setzen von Steckzwiebeln für die Ernte im Sommer, und 3. Aussaat im Spätsommer für die Ernte im Mai, das Zwiebellauch kann hier im zeitigen Frühjahr geerntet werden. Zwiebeln brauchen Sonne und trockenen bis frischen Boden. Abstand 5 cm, Reihenabstand 20 cm. Sie können als Gewürz und als Gemüse verwendet werden, wirken antibiotisch und ihr Saft hilft gut gegen Insektenstiche.

16 HOKKAIDO-KÜRBIS *Cucurbita maxima*

Der Hokkaido ist eine kleine Sorte in der Kürbisfamilie. Er erreicht ein Gewicht von bis zu 2 kg und hat eine dünne Schale. Handliche Größe, Verarbeitung mit Schale, die leuchtend orangerote Farbe und ein leicht nussiger Geschmack haben ihn beliebt gemacht. Hokkaido braucht wie alle Kürbisse Geduld: Er wird im Mai/Juni gesät und im September/Oktober geerntet. Auf einem sonnigen/halbschattigen Standort und frischem Boden entwickelt er lange Ranken und erobert auch schon einmal Sträucher und Bäume.

17 ZITRONENMELISSE *Melissa officinalis*
Zitronenmelisse ist eine mehrjährige Staude und kommt ursprünglich aus Südeuropa. Sie braucht einen sonnigen bis halbschattigen Standort und normalen Gartenboden. Aussaat ab April ins Freiland, die Pflanze lässt sich gut durch Teilen vermehren. Sie neigt zur starken Selbstaussaat, deshalb nach der Blüte stark zurückschneiden. Zitronenmelisse ist Bienen- und Insektenweide. Verwendung: Obstsalat, Süßspeisen, Marmeladen. Als Tee wirken die Blätter entspannend bei Magen-Darm-Erkrankungen.

18 KRAUSE PETERSILIE *Petroselinum crispum*
Petersilie ist ein ein- bis zweijähriges Doldengewächs. Sie braucht einen sonnigen bis halbschattigen Standort und humosen, nährstoffreichen Boden. Petersilie kann im Glashaus vorgezogen und ab März ins Freie ausgesät werden. Es dauert lange, bis sie keimt, das Saatbeet darf nicht austrocknen. Die Blätter können nach Bedarf geerntet und auch eingefroren werden, die inneren Herzblätter sollten stehen bleiben. Verwendung: Salat, Grüne Sauce, Gemüse, Suppen (Blätter sollten nicht mitgekocht werden).

19 DILL *Anethum graveolens*
Dill ist ein Doldenblütler und Lichtkeimer, schon in der Antike als Küchenkraut bekannt. Er braucht einen sonnigen Standort, wird von April bis August in Folgesaaten gesät und ist sehr dekorativ zwischen Gemüse und auch Blumen. Dill kann auch als Topfpflanze gehalten werden. Verwendung: Salate, Fisch, Gurkengerichte, Gemüse. Nicht kochen, nur kurz in heißen Speisen ziehen lassen. Blüten zum Einlegen von Gurken. Fördert die Verdauung, gut gegen Blähungen, besonders als Tee aus Dillsamen.

20 LIEBSTÖCKEL, MAGGIKRAUT *Levisticum officinale*
Liebstöckel ist eine mehrjährige Staude und ein altes Küchenkraut. Er bevorzugt sonnige bis halbschattige Standorte und lehmigen, nährstoffreichen, frischen Boden. Liebstöckel wird groß und üppig, deshalb werden nicht mehr als ein bis zwei Pflanzen gebraucht. Er hat wachstumshemmende Stoffe, deshalb in genügend Abstand zu anderen Pflanzen setzen. Verwendung: Suppen, Eintopf, Fleischgerichte; die Blätter werden mitgekocht.

21 SCHNITTLAUCH *Allium schoenoprasum*

Die mehrjährige Zwiebelpflanze ist auf der Nordhalbkugel beheimatet und hat schöne rosa-violette Blütenbälle. Schnittlauch braucht einen sonnigen bis halbschattigen Standort und frischen Boden. Aussaat unter Glas ab Februar, im Freiland von März bis August. Schnittlauch eignet sich zur Beetbegrenzung. Verwendung: Die Röhrenblätter werden nach Bedarf geschnitten und können auch eingefroren werden. Zu Salat, Suppen, Quark und Eierspeisen. Blätter nicht mitkochen; die Blüten sind essbar.

22 BÄRLAUCH *Allium ursinum*

Das mehrjährige Zwiebelgewächs ist heimisch in feuchten Laubwäldern, treibt im Frühjahr aus und zieht ab Mai wieder ein. Es wächst in halbschattiger bis schattiger Lage unter Bäumen und Sträuchern auf humosem, frischem bis feuchtem Boden. Bärlauch kann ausgesät werden aus im Spätsommer abgenommenen Samen, oder die Zwiebel wird gepflanzt. Die Pflanze erhält sich durch Selbstaussaat und kann dadurch lästig werden. Verwendung: Blätter im Frühjahr für Pesto, Kräuterquark, Suppen, Saucen.

23 WALDMEISTER *Galium odoratum*

Die mehrjährige einheimische Staude entwickelt im Mai/Juni weiße, dekorative Blüten. Waldmeister braucht einen schattigen bis halbschattigen Standort und frischen Boden. Er vermehrt sich durch Ausläufer und ist ein guter Bodendecker auch unter Bäumen. Der Kauf von Jungpflanzen oder die Vermehrung durch Teilen sind empfehlenswert. Verwendung: Die frischen Triebe vor der Blüte eignen sich zum Aromatisieren von Kaltgetränken und für Desserts. Nur in geringen Mengen zu verwenden.

24 SÜSSKRAUT, HONIGKRAUT *Stevia rebaudiana*

Das Honigkraut ist eine mehrjährige, nicht winterharte Staude, daher bei uns überwiegend einjährig. Die Pflanze ist erst in den letzten Jahren bei uns bekannt geworden. Sie braucht einen sonnigen, warmen Standort und ist schwer aus Samen zu ziehen, deswegen besser Jungpflanzen kaufen. Süßkraut wird 70 bis 100 cm hoch. Verwendung: Die Blätter haben eine enorme Süßkraft und werden sparsam zum Süßen von Getränken und Süßspeisen verwendet.

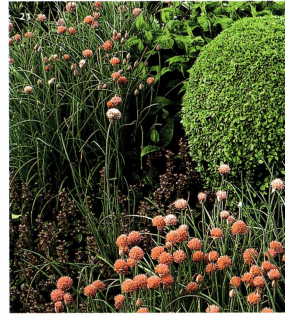

25 BASILIKUM, BASILIENKRAUT *Ocimum basilicum*

Basilikum ist stark duftend und kälteempfindlich. Er liebt durchlässigen, nicht austrocknenden Boden. Er kann ab März im Gewächshaus und im Freien ab Mitte Mai ausgesät werden. Die einjährige Pflanze ist beliebt bei Schnecken. Verwendung: Blätter und Zweigspitzen für Salate, Tomaten-, Gemüse- und Fleischgerichte. Geeignet für Kräuterbutter, Saucen, Pesto, Quark. Blätter nicht kochen lassen. Basilikum fördert die Verdauung.

26 WINTERBOHNENKRAUT, BERGBOHNENKRAUT *Satureja montana*

Das Bergbohnenkraut ist ein mehrjähriger Halbstrauch und lässt sich durch Teilung oder Stecklinge vermehren. Es braucht einen sonnigen, trockenen Standort. In kalten Lagen oder bei starkem Frost muss es geschützt werden. Zurückschneiden im Frühjahr fördert einen buschigen Wuchs. Verwendung: Blätter und junge Triebe werden mitgekocht bei Bohnengerichten, Eintöpfen und Suppen. Das Kraut ist appetitanregend und fördert die Verdauung.

27 ESTRAGON *Artemisia dracunculus*

Estragon ist eine mehrjährige Staude, bei uns als Küchenkraut bekannt. Es gibt französischen, deutschen und russischen Estragon. Aussaat ist nur bei russischem Estragon möglich, der robust, aber weniger aromatisch ist. Deutscher und französischer Estragon benötigen Winterschutz, Vermehrung durch Teilung oder Stecklinge. Verwendung: Blätter und Triebspitzen in geringen Mengen zu Salat, Saucen, Fleisch, Fisch und zum Einlegen von Gurken. Blätter in heißen Speisen nur erwärmen.

28 ROSMARIN *Rosmarinus officinalis*

Rosmarin ist ein immergrüner Strauch, dessen Blätter und Blüten stark duften. Er hat unterschiedliche Wuchsformen, verschiedenfarbige Blüten und ist Bienenweide. Rosmarin liebt die Sonne, ist nässe- und kälteempfindlich und wird am besten im Kübel frostfrei überwintert. Er ist schnittverträglich und deshalb in geschützten Lagen auch als Heckenpflanze geeignet. Verwendung: Die nadelartigen Blätter und Triebspitzen für Kartoffel-, Fleisch-, Fisch- oder mediterrane Gerichte; die Blätter werden mitgekocht.

29 ECHTER SALBEI, GEWÖHNLICHER SALBEI *Salvia officinalis*

Der mehrjährige, immergrüne Halbstrauch ist als Küchen- und Heilkraut bekannt. Er wächst in kalkreichem Boden, braucht Sonne und ist in rauen Gegenden nicht winterhart. Vermehrung vor allem durch Teilen und Stecklinge. Salbei ist wegen seiner blauen Blüten gut für das Staudenbeet geeignet. Verwendung: Blätter für Geflügel, Fisch, Fleisch von Lamm, Schwein und Kalb. Blätter werden mitgekocht. Als Heilkraut gut gegen Halsentzündungen.

30 ECHTER LAVENDEL *Lavandula angustifolia*

Der immergrüne Halbstrauch hat stark duftende, blaue Blütenstände. Lavendel ist nur bedingt frosthart und braucht Sonne und trockenen Boden. Verblühtes wird im Herbst abgeschnitten, Rückschnitt im Frühjahr um ein Drittel. Geeignet als kleine Heckenpflanze und im Staudenbeet, Bienenweide. Verwendung: Blätter in geringen Mengen zu Fisch, Fleisch und Gemüse, Blüten zum Aromatisieren von Süßspeisen, Eis, Gelees. Blüten lassen sich trocknen für Duftkissen.

31 GARTENTHYMIAN *Thymus vulgaris*

Thymian ist ein immergrüner Halbstrauch, hat kleine, rosarote Blüten und duftet in Blättern und Blüten würzig. Er braucht Sonne, trockenen Boden und in rauen Lagen Winterschutz. Vermehrung durch Stecklinge und Teilen. Thymian lässt sich gut schneiden und kann als kleine Hecke gezogen werden. Er ist gut geeignet im Staudenbeet. Verwendung: Blätter und Triebspitzen frisch oder getrocknet zu Fleisch, Gemüse, Eintopf; die Blätter werden mitgekocht. Thymian kann das ganze Jahr über geerntet werden.

32 YSOP *Hyssopus officinalis*

Ysop ist ein halb-immergrüner Zwergstrauch und bekannt aus den Klostergärten des Mittelalters. Er liebt Sonne und trockenen Boden und blüht je nach Sorte dunkelblau, weiß oder rosa. Im Frühjahr sollte er zurückgeschnitten werden, damit die Pflanze buschig bleibt, lässt sich auch als niedrige Hecke ziehen. Ysop ist gut geeignet für das Stauden- oder Kiesbeet, er ist Bienenweide. Verwendung: Die bitteren Blätter werden in kleinen Mengen zum Würzen fettiger Speisen verwandt.

ANHANG

DANKE Dr. Christa Huchzermeyer hat dieses Buch begleitet, mit ihrem Fachwissen, mit der akribischen Überprüfung schwieriger Sachverhalte, mit Tipps, den richtigen Fragen und mit ihrer Gartenleidenschaft. Sie war mir Kritikerin und Unterstützerin, ihre Akzeptanz und ihr unermüdlicher Einsatz haben mir immer wieder geholfen. Danke für alle Geduld, Aufmunterung und guten Gespräche!

Danke auch Ralf Joest und Jürgen Becker, Johanna Hänichen und Anne Krause für die vertrauensvolle und konstruktive Zusammenarbeit.

Nicht zuletzt ein Dankeschön an alle Gärtnerinnen und Gärtner, deren Beete und Anlagen dieses Buch illustrieren. Ohne ihren Einsatz und den der ausgezeichneten Fotografen wäre alle Theorie in diesem Buch grau.

RENATE TEGTMEYER

INDEX

A

Acer palmatum 131
Achillea millefolium 63
Ackerwinde 150
Aconitum 63
Adonisröschen 49
Adonis vernalis 49
Agastache 99, 114, 131
Agastache foeniculum 99
Agastache 'Toronjil Morade' 131
Akelei 63
Alcea 74
Allium 10, 78, 81, 91, 95, 143, 161, 189, 191
Allium cepa 189
Allium fistulosum 81
Allium × proliferum 143
Allium schoenoprasum 91, 191
Allium senescens 161
Allium tuberosum 95
Allium ursinum 78, 191
Aloysia triphylla 99
Alpenveilchen 42, 158
Amaranth 131
Amberbaum 131
Andenbeere 82
Anemone pulsatilla 49
Anethum graveolens 190
Antirrhinum 50
Apfel 63, 86, 89, 99, 108, 111, 126, 128, 147, 166
Apfelbaum 128, 165
Apfelbeere 131

Apfelquitte 128
Aquilegia 63
Aronia melanocarpe 131
Artemisia dracunculus 192
Artischocke 23, 77, 114, 118
Asia-Salat 107, 143
Aster 13, 73
Atriplex hortensis 77
Aubergine 81, 108
Aubrieta 60

B

Bärlauch 49, 78, 92, 95, 112, 143, 191
Bartblume 165
Bartiris 63
Basilikum 51, 91, 92, 95, 112, 117, 131, 192
Basilikumminze 95
Bataviasalat 107, 124
Bauernhortensie 162
Bechermalve 74
Beinwell 70
Berberitze 23, 131
Bergbohnenkraut 91, 95, 112, 117, 161, 192
Berglauch 161
Beta vulgaris ssp. *cicla* 188
Betula vulgaris var. *vulgaris* 74
Bienenfreund 140
Birne 89, 108, 111, 126, 147, 172
Birnenquitte 128, 147
Bitterlupine 140
Blaubeere 63
Blaukissen 60

Blumenkohl 51, 67, 108, 111
Blutweiderich 74
Bohne 13, 67, 70, 73, 78, 81, 82, 84, 92, 99, 108, 111, 124, 144
Bohnenkraut 91
Borretsch 73, 92, 95, 112, 114, 147, 184
Brassica 78, 107, 187, 188, 189
Brassica campestris var. *chinensis* 187
Brassica cernua 78
Brassica oleracea var. *capitata* 188
Brassica oleracea var. *gongylodes* 189
Brassica oleracea var. *sabellica* 188
Brassica rappa 78
Brassica sabellica var. *acepala* 188
Brennende Liebe 60
Brennnessel 14, 77, 120, 184
Brokkoli 51, 67, 108, 111
Brombeere 81, 111, 131, 161
Brugmansia 99
Buchs 55, 60, 118, 158, 184
Buchshecke 10, 23, 42, 183
Buddleja 165
Buntnessel 117
Buschbohne 51, 73, 82, 92, 124
Buxus 158

C

Calendula 74
Callistephus 49, 74
Campanula persicifolia 60
Cardamine hirsuta 84
Carex 161
Carlina acaulis 49

Carpinus betulus 23
Caryopteris 165
Centranthus 60
Centranthus ruber 'Albus' 60
Chamaemelum nobile 'Treneague' 91
Chenopodium foliosum 78
Chimonanthus praecox 158
Chinakohl 67, 143, 144
Chinesischer Schnittlauch 95
Chinesischer Senfkohl 187
Chinesische Winterblüte 158
Chrysanthemum 107
Cichorium endivia 186
Cichorium intybus var. *foliosum* 187
Clematis 24, 36, 162
Clematis montana 24, 162
Cleome 50, 81
Convallaria majalis 63
Coreopsis grandiflora 60
Cornus 161, 176, 179
Cornus alba sibirica 161
Cornus kesselringii 161
Cornus sanguinea 176
Cortaderia 161
Cosmea 74, 81
Cotoneaster 161
Crambe maritima 49
Crataegus monogyna 176
Crocosmia 10, 117
Cryptotaenia japonica 95
Cucurbita maxima 139, 189
Cucurbita maxima 'Gelber Zentner' 139
Cucurbita moschata 139

INDEX

Cucurbita pepo 139
Cyclamen 42, 158
Cyclamen coum 42, 158
Cynara cardunculus 77

D
Dahlie 10, 13, 32, 51, 73, 74, 81, 82, 84, 126, 131
Delphinium 63
Deutzie 165
Dianthus deltoides 60
Dianthus plumarius 60
Dicke Bohne 78
Dill 50, 70, 77, 92, 95, 111, 112, 114, 131, 147, 190
Diplotaxis tenuifolia 78
Duftveilchen 49

E
Eberesche 128
Echinacea purpurea 52
Efeu 161, 182
Eibe 23, 158
Eichblattsalat 117
Eisenholzbaum 131
Eisenhut 13, 63
Eissalat 51, 104, 124, 143, 144, 186
Endivie 67, 73, 107, 124, 144, 184, 186
Engelstrompete 99
Eranthis hyemalis 158
Erbse 14, 51, 67, 70, 73, 81, 82, 84, 92, 99, 108, 111, 114, 124
Erdbeere 35, 78, 92, 99, 117, 128

Erdbeerspinat 78, 84, 117
Erica carnea 158
Erigeron karvinskianus 16
Eruca sativa 187
Esche 42
Estragon 91, 95, 112, 192
Euonymus alatus 131

F
Fächerahorn 131
Federbuschstrauch 131
Federnelke 60
Feldsalat 14, 73, 107, 108, 124, 140, 143, 161, 187
Felsenbirne 86, 128, 131
Fenchel 92, 114, 131, 140, 147, 184
Fetthenne 73, 162
Feuerbohne 117, 147
Feuerdorn 161
Fingerhut 73
Fleißiges Lieschen 50
Flieder 42
Forsythie 42, 55, 165
Fothergilla 131
Freilandgurke 51, 135
Fritillaria meleagris 68
Fuchsschwanz 50
Funkie 52

G
Gaillardia 60
Galanthus nivalis 68
Galium odoratum 191

Gänseblümchen 16, 68
Gartenlöwenzahn 96
Gartenmelde 77
Gartenreseda 51
Gartenschaumkraut 84
Gelbsenf 140
Giersch 14, 59, 150
Ginkgobaum 131
Glockenblume 35, 60
Goldlack 14, 88
Goldoregano 114
Grünkohl 10, 51, 67, 73, 81, 108, 117, 131, 140, 147, 188
Gurke 39, 48, 51, 67, 70, 73, 92, 99, 108, 124, 132, 135, 136, 137, 144, 190, 192
Gynostemma pentaphyllum 99

H
Hagebutte 23, 128, 176
Hainbuche 23, 36, 55
Hainbuchenhecke 161
Hamamelis mollis 158
Hartriegel 161, 165, 169, 176
Haselnuss 42, 126, 165, 169
Heckenbuchs 23
Heidekraut 86
Heidelbeere 63
Heidenelke 60
Heiligenkraut 91
Helenium 52, 60, 117, 126
Helianthus 50, 74, 131
Helianthus annuus 131
Helleborus 10, 158, 162

Helleborus orientalis 158
Herbstanemone 86
Herbstaster 60, 63, 140
Herbstkrokus 128
Herbstporree 50
Herbstzeitlose 126
Himbeere 63, 99, 131
Himmelsschlüssel 42, 49
Hokkaido-Kürbis 128, 189
Holunder 126, 128, 165
Honigkraut 96, 191
Hosta 52
Huflattich 42
Hyazinthe 182
Hydrangea arborescens 165
Hydrangea macrophylla 162
Hyssopus officinalis 91, 193

I
Ilex 158

J
Japanische Weinbeere 161
Jasmin 86, 165
Jasminum nudiflorum 158
Jiaogulan 99
Johannisbeere 63, 81, 86, 99, 117, 165
Jungfer im Grünen 14, 73, 74

K
Kaiserkrone 52, 123
Kamille 99, 112

INDEX

Kapuzinererbse 82, 117
Kapuzinererbse 'Blauschokker' 82
Kapuzinerkresse 13, 39, 50, 51, 60, 73, 74, 99, 112, 114, 117, 120, 128, 147
Karotte 77
Kartoffel 51, 67, 77, 78, 82, 84, 100, 111, 120, 124, 132, 144, 150, 192
Katzenminze 60
Kerbel 92, 95, 111, 112
Kermesbeere 63
Kirschbaum 55
Kleinstrauchrose 56
Kletterrose 16, 56, 124
Knoblauch 88, 95, 124, 143
Knollensellerie 92
Kohl 10, 14, 50, 70, 73, 102, 103, 107, 108, 111, 114, 117, 118, 140, 150, 155, 187, 188
Kohlrabi 50, 51, 67, 68, 70, 73, 82, 84, 108, 111, 114, 124, 143, 189
Kohlrübe 124
Königsfarn 162
Kopfsalat 50, 51, 67, 73, 82, 103, 104, 107, 124, 143, 186
Koriander 92, 96
Korkadenblume 60
Korkenzieherhasel 161
Kornblume 73
Kornelkirsche 23
Korsische Minze 91
Kresse 50, 92, 95, 100, 140, 143
Kriechkamille 91
Krokus 52, 59, 158
Küchenschelle 49, 63

Kürbis 10, 13, 39, 67, 68, 70, 73, 74, 108, 114, 124, 128, 132, 136, 139, 144, 147, 150, 189

L
Lactuca sativa 103, 186
Lactuca sativa var. *capitata* 103, 186
Lactuca sativa var. *crispa* 186
Lampionblume 63
Lauch 50, 82, 108, 114, 144, 184
Lauchzwiebel 108, 124
Lavandula angustifolia 193
Lavatera trimestris 74
Lavendel 10, 13, 32, 70, 91, 112, 114, 118, 161, 184, 193
Lenzrose 158
Levisticum officinale 190
Levkoje 13, 50, 73, 74, 88, 99
Liebstöckel 92, 95, 112, 190
Liguster 23, 55
Ligustrum vulgare 23
Lilie 86
Liquidambar styraciflua 131
Lorbeer 91
Löwenmaul 50, 81
Löwenzahn 59, 95
Lupine 73, 140
Lychnis chalcedonica 60

M
Mädchenauge 60
Maiglöckchen 63
Mairübe 78

Majoran 13, 91, 95, 112
Mangold 51, 67, 74, 82, 108, 111, 114, 124, 131, 162, 188
Margerite 60, 63
Markerbse 51, 82
Matthiola 50, 74
Meerkohl 49
Meerrettich 13, 92, 184
Melde 77, 117, 131, 147
Melissa officinalis 92, 190
Mentha 91, 92, 95
Mentha corsica 91
Mentha pulegium 91, 92
Minze 91, 92, 95, 96, 99, 112, 114
Miscanthus 161
Mispel 161
Mohn 86
Möhre 14, 51, 67, 70, 73, 82, 84, 92, 102, 108, 111, 112, 114, 120, 122, 124, 144, 150
Möhre 'Purple Haze' 81
Moschuskürbis 136, 139
Myrrhis odorata 92, 96

N
Nachtkerze 99
Nachtviole 99
Narzisse 52, 55, 59
Nelke 73, 88, 89, 99
Nepeta 60
Neuseeländer Spinat 81
Nigella damascena 74

O
Ocimum basilicum 95, 192
Ölrettich 140
Oregano 73, 91, 95, 112
Osmunda regalis 162

P
Palmkohl 73, 108, 118, 161, 188
Paprika 10, 48, 50, 51, 108, 114, 117, 124, 147
Parrotia persica 131
Parthenocissus 131
Pastinaca sativa 77
Pastinake 74, 77, 82, 84, 124, 161
Perilla frutescans 96
Perovskia 165
Perückenstrauch 165
Petersilie 10, 47, 51, 67, 68, 84, 85, 91, 92, 95, 108, 112, 190
Petroselinum 92, 190
Petroselinum crispum 190
Pfaffenhütchen 131
Pfefferminze 92, 95
Pfingstrose 184
Pfirsich 63, 108
Pflaume 147
Pflücksalat 13, 50, 51, 74, 84, 117, 131, 143, 186
Phaecelia 140
Philadelphus 165
Phlox 59, 67, 88, 99
Phlox subulata 60
Physalis 63, 82, 132

INDEX

Physalis alkekengi 63
Physalis peruviana 82
Phytolacca 63
Pimpinelle 92, 95, 117
Poa annua 84
Poleiminze 91, 92
Polygonum odoratum 96
Porree 67, 73, 92, 108, 124, 140
Portulak 184
Primula veris 49
Prunkwinde 50
Prunus 158, 176
Prunus avium 176
Prunus padus 176
Prunus spinosa 176
Prunus subhirtella 'Autumnalis' 158
Puffbohne 78
Pulsatilla vulgaris 63

Q
Quecke 59, 150
Quitte 126

R
Radicchio 107, 117, 124, 131
Radieschen 10, 14, 16, 50, 51, 67, 68, 70, 73, 82, 84, 92, 100, 108, 111, 124, 140, 144, 189
Ramblerrose 36, 56
Raphanus sativus var. *sativus* 189
Rauke 78, 140, 147
Reseda 99
Rettich 50, 51, 67, 82, 92, 108, 111, 124, 144
Rhabarber 10, 47, 67, 68, 70, 111, 124, 155
Ringelblume 13, 14, 51, 73, 74, 99, 112, 117, 120, 131, 140, 147, 184
Rippenmangold 188
Rispengras 84
Rittersporn 14, 16, 59, 63, 67, 73, 124, 184
Romanasalat 104, 117, 122, 124, 144
Rose 10, 13, 14, 16, 36, 55, 56, 86, 88, 89, 99, 114, 140, 162, 175, 184
Rosenkohl 51, 67, 108, 114, 147, 161
Rosmarin 13, 91, 95, 112, 143, 161, 192
Rosmarinus officinalis 192
Rosskastanie 126
Rotbuche 126
Rote Bete 50, 51, 67, 82, 108, 112, 144
Rotkohl 51, 67, 73, 108, 117, 144
Rübe 126
Rubus biflorus 161
Rubus cockburnianus 161
Rubus phoenicolasius 161
Rucola 124, 140, 143, 187
Rumex acetosa 96

S
Salat 10, 13, 14, 16, 50, 70, 73, 74, 78, 85, 92, 99, 100, 103, 104, 107, 108, 111, 114, 124, 135, 187, 190, 191, 192
Salatrauke 140
Salbei 27, 50, 73, 88, 91, 92, 95, 112, 114, 117, 131, 143, 193
Salvia nemorosa 60
Salvia officinalis 193
Santolina 91
Satureja montana 91, 192
Sauerampfer 95, 96
Sauerkirsche 111, 166
Schachbrettblume 68
Schafgarbe 10, 27, 63
Scheinmohn 10
Schlehe 23, 176
Schleierkraut 51
Schmuckkörbchen 50
Schneeball 158
Schneeglöckchen 42, 68, 156, 158
Schneeheide 158
Schneekirsche 158
Schnittknoblauch 92, 95
Schnittlauch 74, 81, 88, 91, 92, 95, 112, 117, 143, 191
Schnittsalat 50, 82, 124
Schnittsellerie 92, 112
Schopflavendel 88
Schwarznessel 96
Schwarzwurzel 51, 74, 78, 81, 124
Scorzonera hispanica 78
Sedum 60
Seidenmohn 73
Sellerie 50, 51, 67, 70, 103, 108, 124
Silberdistel 49
Sommeraster 49, 50, 74
Sommerbohnenkraut 112
Sommerflieder 165
Sommernelke 50
Sommerphlox 49, 50
Sommerporree 51, 111
Sommerspinat 77
Sonnenblume 10, 47, 50, 51, 74, 117, 118, 131, 179
Sonnenbraut 52, 60
Sonnenhut 52, 162
Sorbus aucuparia 128, 176
Sorbus aucuparia 'Edulis' 128
Spalierbirne 126
Spalierobst 14, 24, 36, 70, 143, 166
Spinat 50, 51, 67, 73, 77, 78, 81, 108, 111, 124, 140, 143, 161, 184
Spinnenblume 50
Spiraea 55
Spornblume 60
Stachelbeere 42, 63, 111
Stangenbohne 'Blauhilde' 82
Stangenbohne 10, 39, 108, 114, 124
Staudenaster 131
Staudensellerie 124
Steckrübe 78
Steckzwiebel 51, 143, 189
Stevia 96, 191
Stevia rebaudiana 191
Stieleiche 126
Stielmangold 143, 188
Stielmus 78
Stockrose 74, 78
Studentenblume 49, 50, 74, 117, 120, 131
Süßdolde 92, 96, 143
Süßkirsche 143
Süßkraut 191

INDEX

T
Tagetes 49, 73, 74, 117, 120, 126, 131, 140
Tagetes tenuifolia 131
Taraxacum officinale 96
Taxus 23, 55, 158
Teppichphlox 60
Tetragonia tetragonioides 81
Thymian 13, 27, 73, 91, 92, 94, 95, 112, 114, 117, 143, 161, 193
Thymus serpyllum 91
Thymus vulgaris 193
Tomate 48, 50, 51, 67, 70, 73, 78, 92, 99, 108, 117, 120, 124, 132, 135, 136, 144, 147, 150, 192
Toskanischer Palmkohl 108, 114
Traubenkirsche 176
Trichtermalve 73
Tropaeolum 50, 60, 74
Tropaeolum majus 60
Tulpe 42, 52, 59, 182
Türkenbund 184

V
Valerianella locusta 187
Veilchen 73
Viburnum bodnantense 158
Viburnum farreri 158
Viburnum tinus 158
Vicia faba 78
Viola odorata 49
Vogelbeere 176
Vogelkirsche 176

W
Wald-Geißbart 86
Waldmeister 49, 92, 95, 143, 191
Walnuss 126, 172
Weide 20, 36, 60, 169
Weinbeere 161
Weinraute 91, 114, 117
Weißdorn 86, 176
Weißkohl 51, 67, 111, 120, 144, 188
Wicke 39, 60, 88, 99, 117
Wilde Rauke 78
Winde 40, 51, 152
Winterheckzwiebel 81, 82, 108, 124, 143, 161
Winterjasmin 158
Winterling 158
Winterporree 51, 73, 161
Winterportulak 143
Winterwirsing 161
Wirsing 51, 67, 108, 111
Wolfsmilch 123
Wurzelpetersilie 144
Würztagetes 10, 112

Y
Ysop 73, 91, 114, 161, 193

Z
Zaubernuss 158
Zichoriensalat 107, 112
Zierapfelbaum 167
Zierkürbis 128, 136
Ziertabak 50, 99
Zinnia 50
Zinnie 50, 73
Zitronenmelisse 92, 95, 99, 114, 143, 190
Zitronenverbene 99
Zucchini 51, 67, 68, 70, 73, 82, 108, 111, 114, 120, 124, 132, 136, 147
Zuckerhut 124, 144
Zuckerhutsalat 107, 187
Zuckermais 51
Zwetschge 86, 126
Zwiebel 10, 13, 67, 70, 81, 92, 102, 114, 124, 131, 143, 144, 189

BILDNACHWEIS

JÜRGEN BECKER: Titelfoto, 45, 54, 65, 72, 79 links, 102, 106 links, 110, 115, 125, 130, 134, 141, 146, 168 links unten, 168 rechts unten, 178 Garten: Elisabeth Imig, Silke Imig-Gerold, Bedburg-Hau, D 6–7, 106 rechts Garten: Susan Island, Susanne Paus, Peter Zweil, Bocholt, D 11, 21, 33, 53, 71, 116, 121, 133, 168 links oben Garten: De Boschhoeve, Wolfsheeze, NL 17 Garten: Hof Overwellingen, Wemeldinge, NL 18–19, 38 Garten: Ilka und Oliver Dorn, Nettetal, D 22, 160 Garten: Kasteel Wijlre, Wijlre, NL 25, 43 Garten: Schlosspark Benrath, Düsseldorf, D 29, 142 Garten: Ein Englischer Garten in Köln, Kristin Lammerting, D 34 Garten: Trewithen, Truro, GB 37, 87 Garten: Nina Balthau, Oosteeklo, B 58 Garten: Addy und Jan Traas, Klosterzande, NL 75, 76 Garten: Het Vlacke Land, Madelien van Hasselt, Nieuw en St. Joosland, NL 79 rechts Garten: Schloss Dyck, Jüchen, D 90 Gartendesign: Maria Sagreras, Mallorca, E, Garten: Privatgarten Mallorca, E 129 Garten: Privatgarten L, Design: Piet Oudolf, Hummelo, NL 145 Garten: Manfred Lucenz, Klaus Bender, Schneppenbaum, D 164 Garten: Anja und Piet Oudolf, Hummelo, NL 168 rechts oben Garten: De Brinkhof, Hernen, NL 174 Garten: Bärbele Krug, Designlager, Dülmen, D 180 Garten: Peter Janke, Hilden, D Pflanzenporträts: 186 links oben, 186 links unten, 186 rechts unten, 187 links unten, 188 links oben, 188 links unten, 188 rechts oben, 189 rechts oben, 190 links oben, 190 links unten, 190 rechts oben, 191 links oben, 191 rechts oben, 191 links unten, 192 links oben, 192 rechts oben, 192 rechts unten, 193 links oben, 193 links unten, 193 rechts oben

BLICKWINKEL, R. KOENIG: 186 rechts oben, 187 rechts oben, 187 rechts unten, 189 links oben, 190 rechts unten, 192 links unten

BLICKWINKEL, F. HECKER: 187 links oben

BLICKWINKEL, MCPHOTO: 189 links unten

BLICKWINKEL, MAEHRMANN: 189 rechts unten

BLICKWINKEL, A. JAGEL: 191 rechts unten

BLICKWINKEL, K. WAGNER: 193 links unten

BLICKWINKEL, FRANZ WALDHAEUSL: 193 rechts unten

URSEL BORSTELL: 80 links Ort: Im Park der Gärten, Bad Zwischenahn, D 80 rechts Garten: Klaus Wagenhuber, Versmold, D 83 rechts Garten: Borstell, Essen, D 101 Garten: Familie Paasen, Geldern, D

MODESTE HERWIG: 40–41, Rücktitel Design: del Buono Gazerwitz, Ort: Chelsea Flower Show 2008, UK 113 links, 113 rechts Design: Patricia Fox, Garten: Chelsea Flower Show 2009, UK

MARIANNE MAJERUS: 12 Garten: Bonython, Cornwall, UK 15 Design: Frances Hainsworth, Yorkshire, UK, Garten: Privatgarten, Yorkshire 26–27 Garten: Pentillie Castle, Cornwall, UK 30 Design: Beth Stevens, Cornwall, UK, Garten: Trevoole Farm, Cornwall, UK 46 rechts Design: Anita Schweig-Bourg, L, Garten: Privatgarten, L 57 Design: Paul and Pauline McBride, Sussex, UK, Garten: Sussex Prairies, Sussex, UK 61 Design: Sarah Price, London, UK, Garten: The Old English Garden, Battersea Park, London, UK 62 Garten: Godinton House, Kent, UK 89 Design: Gill Richardson, Lincolnshire, UK, Garten: Manor Farm, Lincolnshire, UK 94 Design: Marianne Jacoby, L Garten: Privatgarten, L 98 Design: Bunny Guinness, Northamptonshire, UK, Garten: The M&G Garden, RHS Chelsea Flower Show 2011 109, 188 rechts unten Design: Marston & Langinger, London, UK, Garten: RHS Chelsea Flower Show 2009 118–119 Garten: Scampston Hall, Yorkshire, UK 127 Garten: Tresillian House Gardens, Cornwall, UK 137 Design: Bunny Guinness, Northamptonshire, UK, Garten: Sibberton Lodge, Northamptonshire, UK 138–139 Garten: Bates Green, Sussex, UK 149 Design: Aileen Scoular, London, UK, Garten: Privatgarten, London, UK 157 Design: Bunny Guinness, Garten: Privatgarten, Northamptonshire, UK 167 Garten: RHS Garden, Wisley, Surrey, UK 171 Design: Claire Mee Designs, London, UK, Garten: Privatgarten, London, UK 177 Design: Adrian de Baat, Hertfordshire, UK, Garten: Privatgarten, Hertfordshire, UK 185 Design: Claire Mee Designs, UK

VOLKER MICHAEL: 93, 105 Design: Ineke Greve, NL, Garten: Huys de Dohm, Ineke Greve, Heerlen, NL 153 Garten: Le Sous-Bois, Philippe Taminiaux, Wépion, B

BENNET SMITH: 97 Design: Paul Martin, Dublin, Ireland, Garten: Vestra Wealth's Gray's Garden, RHS Hampton Court Flower Show 2011

LITERATUR

Bird, Richard: Hecken und Büsche. Weltbild, Augsburg 2000 **Breckwoldt, Michael:** Kleines Lexikon der Gartenirrtümer. Weltbild, Augsburg 2011 **Der praktische Gartenratgeber.** Monatszeitschrift des Obst- und Gartenverlags des Bayrischen Landesverbands für Gartenbau und Landespflege **Fowler, Alys:** Alys' Küchengarten. Deutschsprachige Ausgabe: Franckh-Kosmos Verlag, Stuttgart 2011 **Grantzau, Erich:** Warum sind viele Gartenböden stark überdüngt. In: Gartenpraxis, 6/2008. **Hudak, Renate:** Kräuter, Schritt für Schritt zum eigenen Kräuterparadies. Gräfe und Unzer Verlag, München 2011 **Kipp, Oliver:** Landhausgärten gestalten. Gräfe und Unzer, München 2009 **Kolb, Walter und Schwarz, Tassilo:** Hecken für jeden Garten, Schnitt-, Wild-, Frucht- und Blütenhecken. BLV, München – Wien – Zürich 1994 **Köster, W., Merkel, D., Severin, K., Ziebel, H.D.:** Dokumentation zum Großversuch in der Kleingartenkolonie „Am See", Hameln. **Mazzoni, Ira Diana:** 50 Klassiker, Gärten & Parks, Gartenkunst von der Antike bis heute. Gerstenberg, Hildesheim 2005 **Mayer, Joachim, Neubauer, Konstanze:** Unser Nutzgarten. Stiftung Warentest, Berlin 2011 **Mein Gartenkalender,** pflanzen, pflegen, ernten im ganzen Jahr. Lingen Verlag, Köln 1987 **Meyers großes Taschenlexikon** in 25 Bänden. B.I., Mannheim – Leipzig – Wien – Zürich 1999 **Michels, Bernhard:** Gärtnern nach den 10 Jahreszeiten der Natur. BLV Buchverlag, München 2010 **Möllmann, Friedrich und Franke, Hubertus:** Darstellung der Tabellen zum Heckenschnitt der Sächsischen Landesanstalten für Landwirtschaft, FB 5/Gartenbau, Pillnitz. In: Gartenpraxis 6/2004 **Pape, Gabriella:** Gartenverführung, Traumhaft schöne Gärten und ihre Umsetzung. Callwey, München 2010 **Rausch, Andrea, Lotz, Brigitte:** Dumonts kleines Kräuter Lexikon. Deutschsprachige Ausgabe Dörffler-Verlag, Eggolsheim **Seiffert, Christian, Keller, Richard:** Der Garten in den Jahreszeiten. BLV Verlagsgesellschaft, München 1983 **Straaß, Veronika:** Natur erleben das ganze Jahr, Entdecken – Beobachten – Verstehen. BLV-Verlag, München 1997 **Thacker, Christopher:** Die Geschichte der Gärten. Orell Füssli, Zürich 1979 **Unterweger, Wolf-Dietmar und Ursula:** Das kleine Buch der Bauerngärten. Stürtz, Würzburg 1994 **Wengel, Tassilo:** Gartenkunst im Spiegel der Zeit. Pinguin/Umschau, Leipzig 1985 **Widmayr, Christiane:** Alte Bauerngärten neu entdeckt. BLV Verlagsgesellschaft München 1987 **Witt, Reinhard:** Der Naturgarten, Lebendig – schön – pflegeleicht. BLV-Verlag, München 2001

IMPRESSUM

Die Fotografen und der Verlag danken den Gartenbesitzern, Gartendesignern, Landschaftsarchitekten und Herstellern, die durch ihre freundliche Mithilfe und Unterstützung zum Gelingen dieses Buches beigetragen haben.

Für die unermüdlichen Bemühungen um die außerordentliche Qualität dieses Buches danken wir unseren Mitarbeitern Johanna Hänichen, Anne Krause, Katerina Loos, Claudia Volk und Claudia Wilke.

Originalausgabe Becker Joest Volk Verlag
© 2012 Alle Rechte vorbehalten
1. Auflage September 2012

ISBN 978-3-938100-79-0

TEXT Renate Tegtmeyer
FOTOS Jürgen Becker und Marianne Majerus
PROJEKTLEITUNG, BILDREDAKTION, LAYOUT Johanna Hänichen
KONZEPT TYPOGRAFISCHE GESTALTUNG Dipl.-Des. Justyna Krzyzanowska, Makro Chroma Joest & Volk OHG, Werbeagentur, Hilden
BILDBEARBEITUNG, LITHOGRAFIE, LEKTORAT Makro Chroma Joest & Volk OHG, Werbeagentur, Hilden
DRUCK Castelli Bolis Poligrafiche, Bergamo, Italien